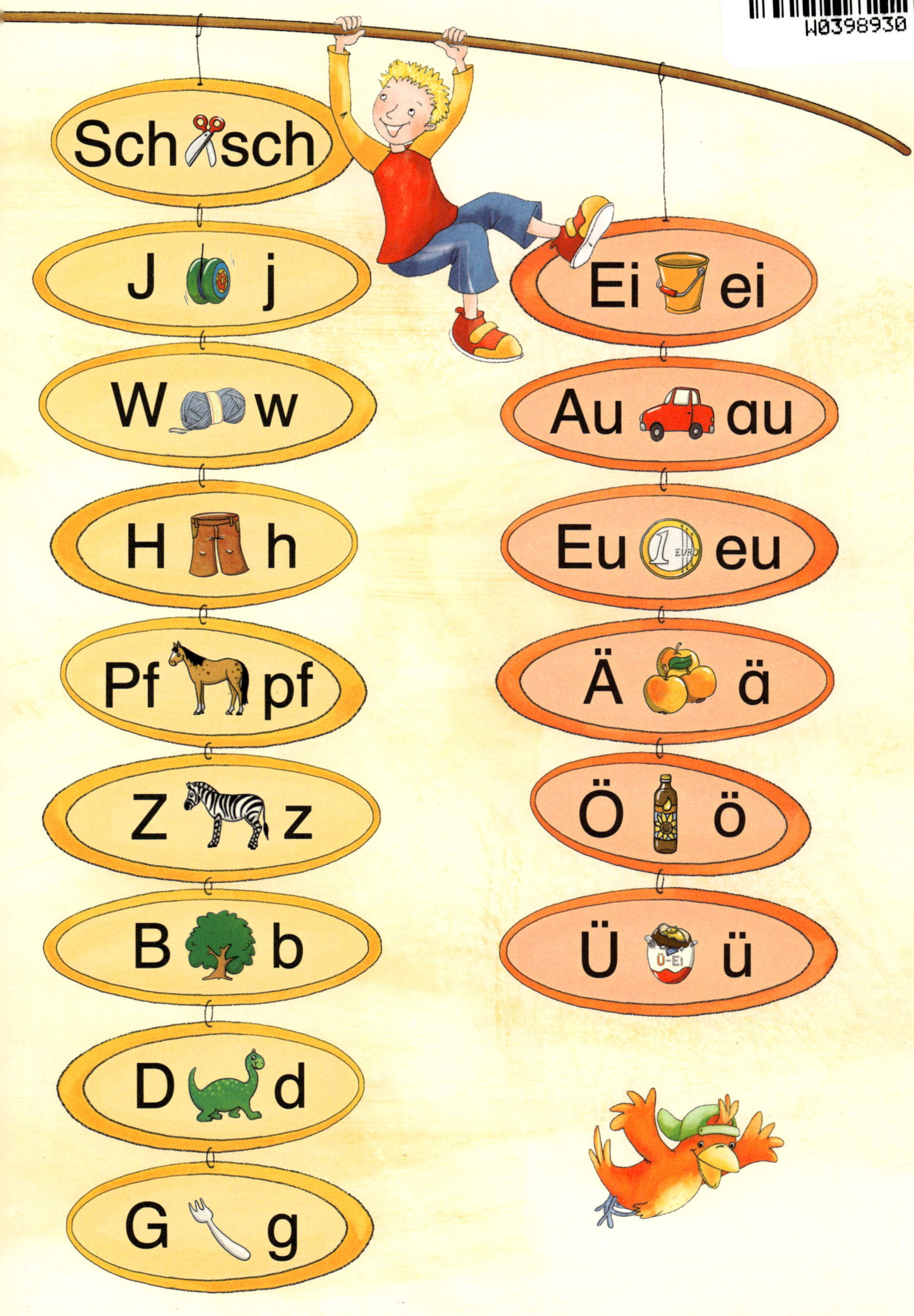

Sch sch
J j
W w
H h
Pf pf
Z z
B b
D d
G g
Ei ei
Au au
Eu eu
Ä ä
Ö ö
Ü Ü-Ei ü

Hinweise auf die **Mobile-Materialien für Klasse 1** finden sich im hinteren Teil des Buches.

Herausgegeben von
Claudia Crämer, Wannweil
Kathrin Walcher-Frank, Aalen

Erarbeitet von
Claudia Crämer, Wannweil
Annette Graf, Waiblingen
Dr. Stephanie Jentgens, Wuppertal
Konstanze Krieg, Schwäbisch Gmünd
Myriam Prahl, Hannover
Kathrin Walcher-Frank, Aalen

Illustriert von
Silke Reimers, Mainz
Oda Ruthe, Braunschweig

Mobile

1

Lesebuch

westermann

Inhalt

Diese Zeichen findest du im Lesebuch:

Lass dir den Text von einem guten Leser vorlesen.

Schreibe mit dem Anlaut-Mobile.

Löse die Aufgabe, indem du kleine Steine oder Spielfiguren richtig legst.

Lies.

Hier kannst du basteln oder spielen.

Das ist ein leichter Text oder eine leichte Aufgabe.

Das ist ein mittelschwerer Text oder eine mittelschwere Aufgabe.

Das ist ein schwerer Text oder eine schwere Aufgabe.

Eigene Texte, Bilder oder Spiele kannst du sammeln. Wähle einige davon aus. So entsteht dein Lernschatz.

Schreibe in dein Heft oder auf ein Blatt Papier.

Mobi in der Schule

Mia und Ole
finden ein.
Es ist groß.
Alle wollen
das sehen.

das Bild betrachten und dazu erzählen;
schriftliche Zeichen und Symbole erkennen und erklären

Auf einmal knackt es.
Das 🥚 bricht auf.

den Text vorlesen lassen und die Bilder mitlesen;
Bilder und Laute sprechen;
den Anlautbildern durch Legen von Spielsteinen die Laute zuordnen

Mia und Ole haben eine Idee.
Sie basteln ein .

das Anlaut-Mobile kennen lernen;
durch Legen von jeweils 2 gleichfarbigen Spielsteinen
die losen Buchstaben richtig zuordnen

Dann singt  den Mobile-Rap:

A wie  – klein fängt's an,
E wie  – ist jetzt dran,

I wie  – sticht so sehr,
O wie  – mag ich sehr,

U wie  – misst die Zeit,
M wie  – himmelweit,

S wie 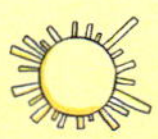 – bräunt die Haut,
L wie  – brüllt so laut,

F wie  – federleicht,
R wie  – sich anschleicht,

N wie  – riecht so fein,
P wie  – pack' ich ein,

T wie  – schau ich drauf,
K wie  – leuchtet auf,

Sch wie  – schnipp und schnapp,
J wie  – auf und ab,

W wie  – wickeln wir,
H wie  – trägt kein Tier,

Pf wie  – trabt im Kreis,
Z wie  – schwarz und weiß,

B wie  – grünt so sehr,
D wie  – gibt's nicht mehr,

G wie  – in der Hand,
Ei wie  – voll mit Sand,

Au wie  – um die Welt,
Eu wie  – unser Geld,

Ä wie  – ess' ich gern,
Ö wie  – aus dem Kern,

Ü wie  – der Mobile-Rap
ist nun vorbei!

Alle  singen und klatschen mit.

Die  holen einen  und .
Sie spielen mit .

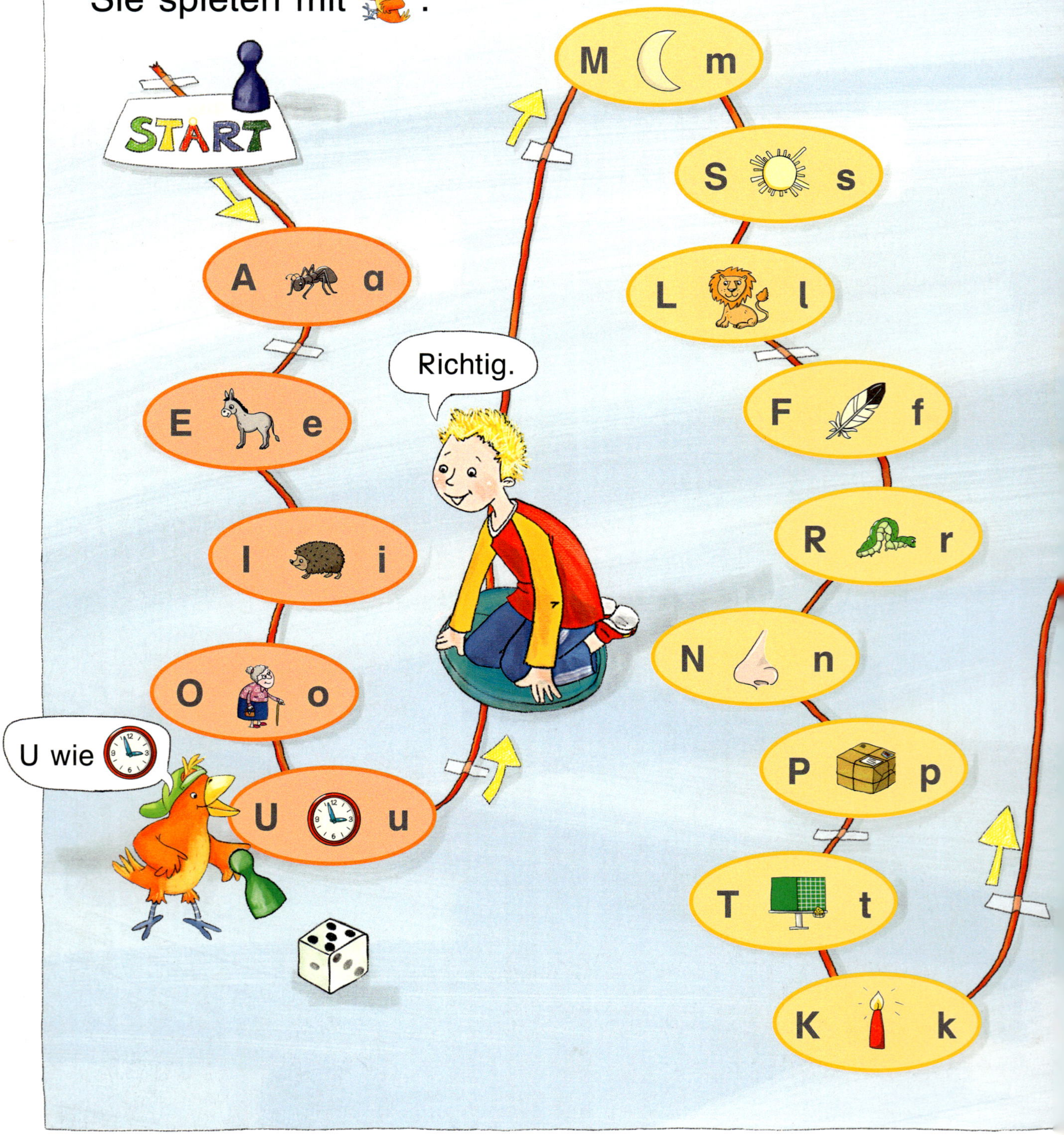

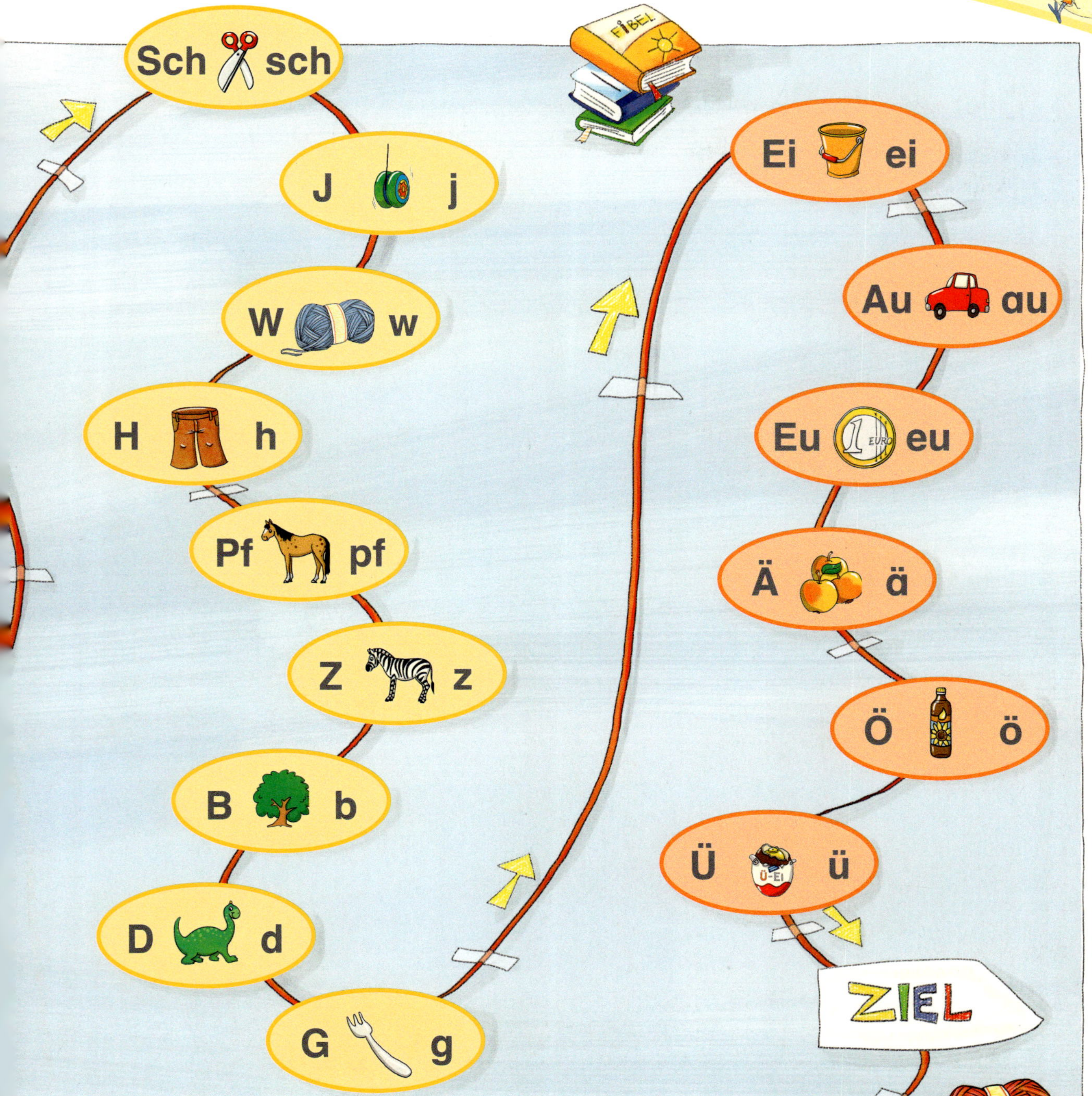

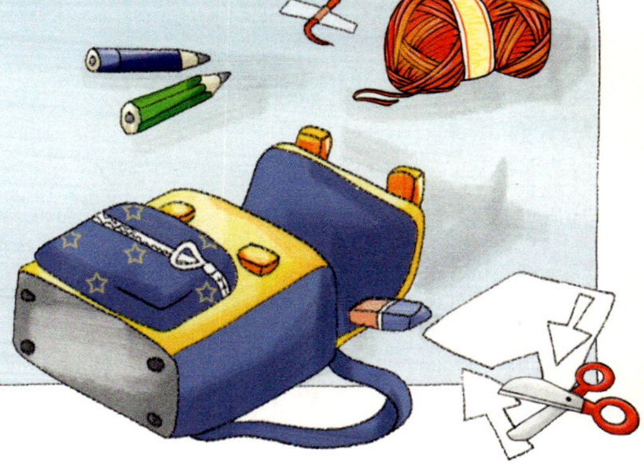

gefällt es in der Schule.
Er will den beim Lesen
und Schreiben helfen.

ein Spiel zum Anlaut-Mobile mit Spielfiguren im Buch spielen: abwechselnd würfeln und den Anlaut zum Bild benennen, bei falschem Anlaut ein Feld zurückspringen

das Bild betrachten und dazu erzählen;
ein Bild auswählen und dazu das Wort mit Hilfe des Anlaut-Mobiles schreiben

S. 126 Mit dem Anlaut-Mobile schreiben

Ich – du – wir

Manjula Padmanabhan, Ich bin einmalig, 2007

Das Lied über mich

Volker Rosin (Text und Melodie)

das Lied singen
und passende Bewegung dazu machen;
ein Bild von sich malen und ggf. dazu schreiben

S. 126 Mit dem Anlaut-Mobile schreiben

Unsere Namen

der Anlautschrift den passenden Namen zuordnen oder die Namen direkt erlesen; den eigenen Namen in Anlautschrift kleben und schreiben

S. 126 Mit dem Anlaut-Mobile schreiben

ein Spiel mit Spielsteinen im Buch spielen: abwechselnd würfeln und entsprechend setzen:
Rot (1, 3, 5): einen frei gewählten Namen und seinen Anlaut nennen,
Gelb (2, 4, 6): die Silbenanzahl eines frei gewählten Namens schwingen

Ich bin ich und wer bist du?

Manfred Schlüter

den Text von einem guten Vorleser vorlesen lassen;
die Geschichte mit verteilten Rollen nachspielen

Oma zu Besuch

  besucht  und  im .

Sie legen Namen mit dem 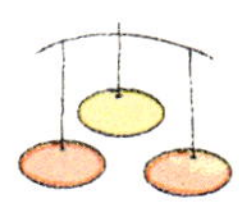.

 legt: 

 hilft .

 schreibt FLO.

 kommt aus dem .

 bringt  für ,  und .

den Text von einem guten Vorleser vorlesen lassen;
die kleinen Bilder mitlesen und im großen Bild suchen;
den Anlautbildern die Laute zuordnen

S. 126 Mit dem Anlaut-Mobile schreiben

M A M A

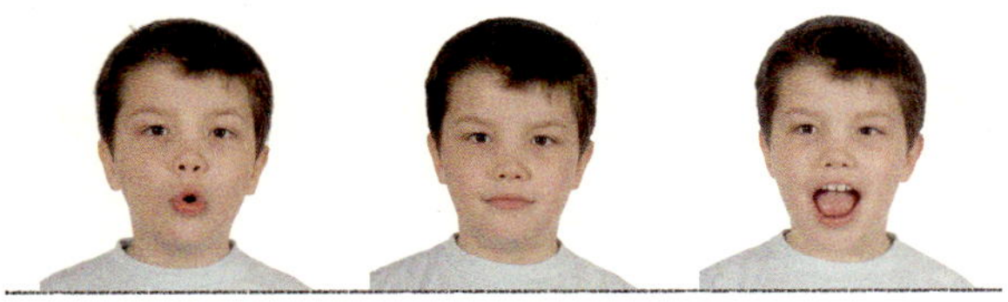

Was holt Mama?

Was schreibt Ole?

die Mundbilder mit einem Spiegel nachsprechen;
durch Legen von jeweils 2 gleichfarbigen Spielsteinen den Mundbildern den passenden Namen zuordnen;
Fragen beantworten durch Lesen der Mundbilder und/oder der Purzelwörter

Lies mit!

LAMA

MAMA

MAMI

LILA

die Mundbilder mit einem Spiegel nachsprechen und mit dem Bild vergleichen; durch Legen von jeweils 2 gleichfarbigen Spielsteinen die Wörter richtig zuordnen

Mach mit!

Mein Namens-Mobile

1

2

3

S. 126 Mit dem Anlaut-Mobile schreiben

Große und kleine Tiere

Silvio Neuendorf, Wo ist mein Schuh?, 2001

Wo ist mein Schuh?

Wo ist mein Schuh?, fragt die .

Unterm Tisch, sagt der .

Hinterm Herd, sagt das .

In der Flöte, sagt die .

Unter der Matratze, sagt die .

Hinter der Gardine, sagt die .

An der Decke, sagt die .

In der Vase, sagt der .

Im Puppenhaus, sagt die .

Auf dem Regal, sagt der .

So ein Drama, sagt das .

Wer den Schuh nicht finden kann,

schau sich dieses Bild gut an.

KNISTER

Erkennst du die Tiere?

François Delebecque

durch Legen von jeweils 2 gleichfarbigen Spielsteinen den Schattenbildern die Fotos zuordnen; die Zuordnung erläutern

GANS

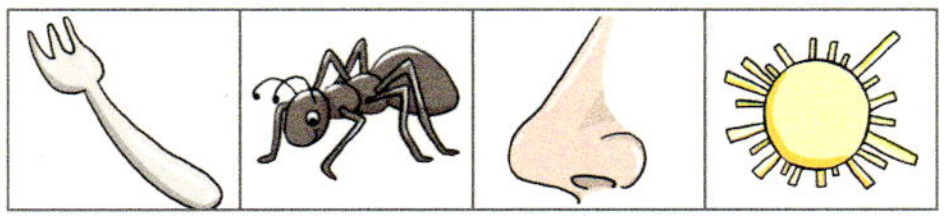

ESEL

HUND

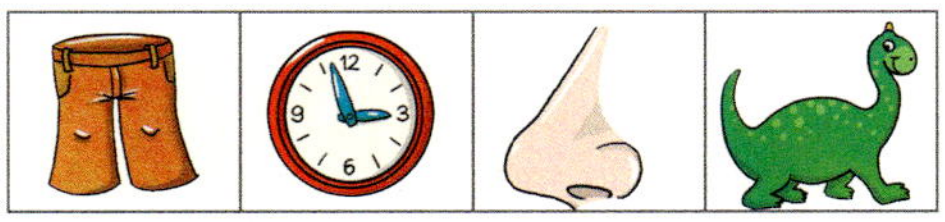

SCHAFE

FERKEL

KÜKEN

durch Legen von jeweils 2 gleichfarbigen Spielsteinen der Anlautschrift das passende Wort zuordnen; ggf. den Tiernamen erlesen; Tiere malen und Tiernamen stempeln

S. 126 Mit dem Anlaut-Mobile schreiben

Mein  -Tier

MEINE MAUS MILI
ALINA

ICH MAG SOCKE.
SOCKE IST TOLL.
LISA

die Kindertexte von einem guten Leser vorlesen lassen; vom eigenen Lieblingstier erzählen; zum Thema „Mein Lieblingstier" malen und ggf. mit dem Anlaut-Mobile schreiben

S. 126 Mit dem Anlaut-Mobile schreiben

Katzen und Mäuse

Katzen können Mäuse fangen,
haben Krallen, scharf wie Zangen,

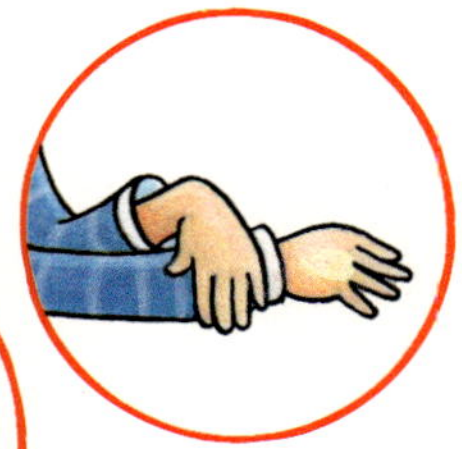

kriechen durch die Bodenlöcher
und zuweilen auf die Dächer.

Mäuschen mit den Ringelschwänzchen
machen auf dem Dach ein Tänzchen.

Leise, leise schleicht die Katz',
fängt die Maus mit einem Satz.

Ursula Barff

das Gedicht vorlesen lassen; das Gedicht mitsprechen und dies durch ein Fingerspiel unterstützen; das Gedicht auswendig lernen

S. 124 Ein Gedicht mit Bewegungen auswendig lernen

Das Schwein

Das ist ein Ferkel.
Ein Ferkel ist das Kind vom Schwein.
Schweine haben einen großen Kopf,
spitze Ohren und einen kurzen Rüssel.
Sie können nicht gut sehen.
Schweine brauchen ihren Rüssel
zum Atmen und zum Schwitzen.
Außerdem wühlen sie damit
in der Erde und fressen alles,
was sie finden.

nach Valérie Tracqui

das Bild betrachten und die Körperteile benennen;
den Text von einem guten Vorleser vorlesen lassen;
den Inhalt des Textes mündlich wiedergeben

S. 122 Zuhören und verstehen

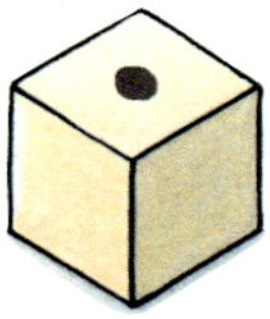 Male die Augen. 

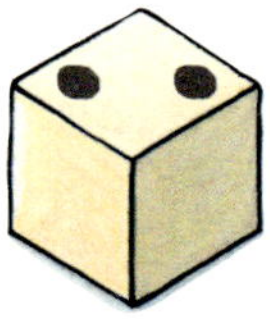 Male den Körper. 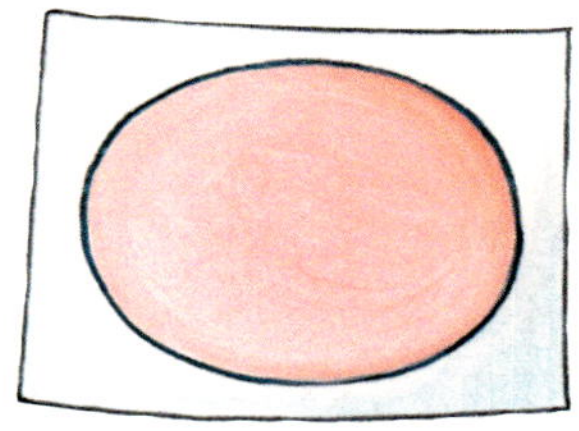

 Male die Ohren. 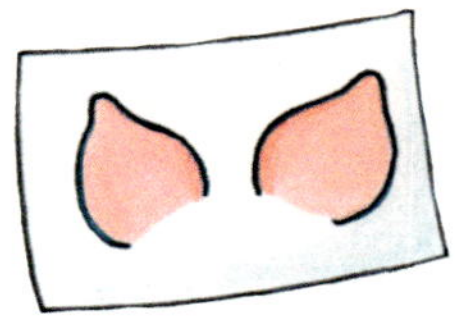

 Male die Beine und die Zehen. 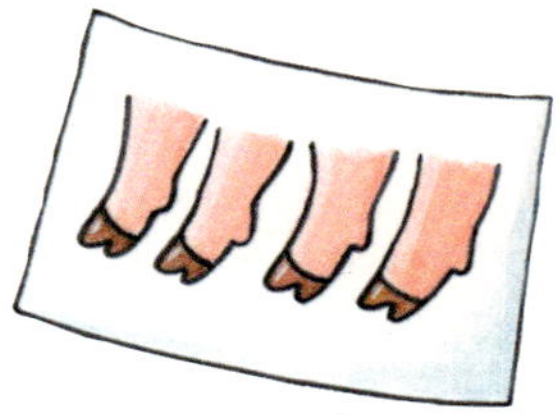

 Male die Nase und das Maul. 

 Male den Schwanz. 

ein Würfel-Malspiel spielen:
abwechselnd würfeln, den Text lesen oder die entsprechenden Bilder anschauen und dann das jeweilige Körperteil malen, aussetzen bei doppelt gewürfelter Augenzahl, es gewinnt der Spieler mit dem ersten vollständigen Schwein

Leo im Zoo

Leo geht mit seinen Eltern in den Zoo.
Plötzlich ist Leos Mütze weg.
Wer hat die Mütze geklaut?
War das der Affe?
Der Zoowärter hilft beim Suchen.
Suche mit.

Leo und seine Eltern

den Text von einem guten Vorleser vorlesen lassen; das Bild betrachten und den Suchauftrag erledigen

S. 122 Zuhören und verstehen

Wo ist  ?

-  ist am  .
-  ist im  .

Wo ist die  ?

- Der  hat die  .
- Der  hat die  .

Wo ist der Affe?

- Der Affe ist am  .
- Der Affe ist am  .
- Der Affe ist im  .

die 3 Differenzierungstexte je nach Könnensstand lesen und durch Legen von Spielsteinen kennzeichnen, welcher Satz stimmt; weitere Suchaufgaben zum Bild stellen

S. 132 Passende Sätze finden

Lies mit!

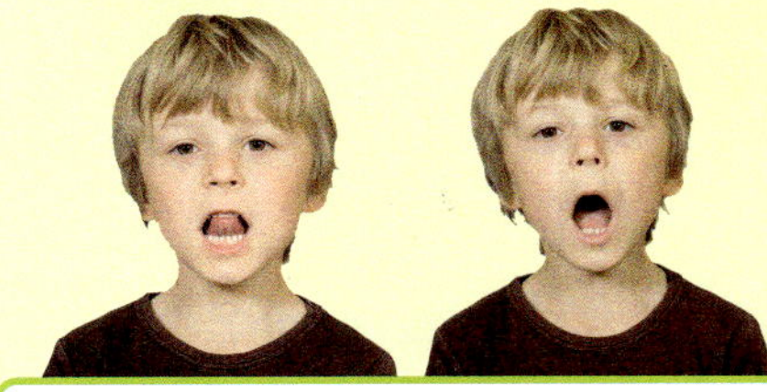

L A

 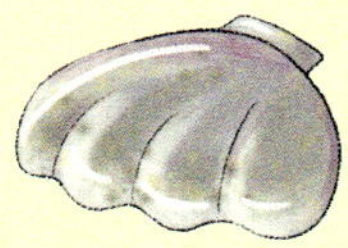

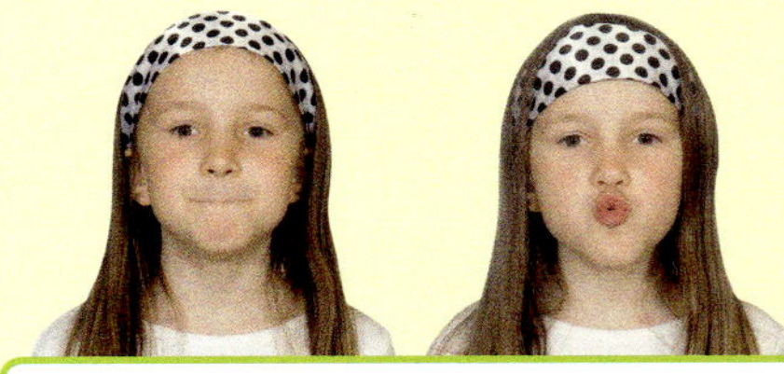

M U

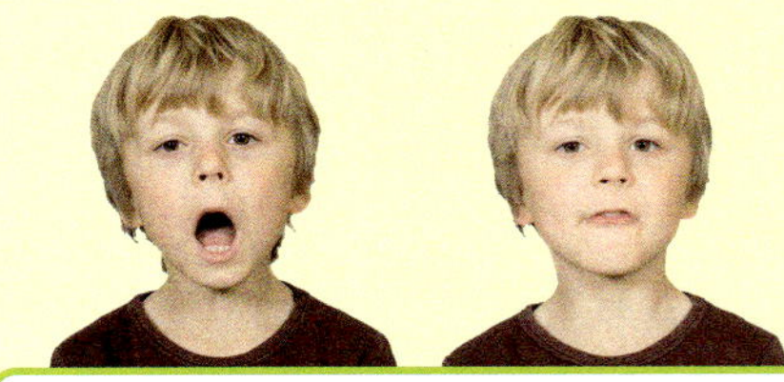

A F

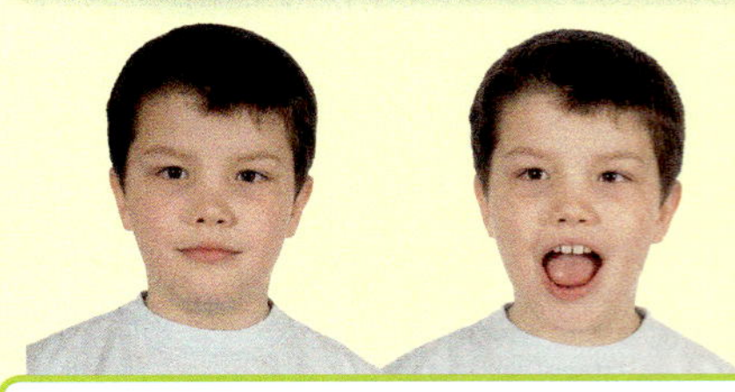

M A

die Bilder benennen und die Mundbilder mit einem Spiegel nachsprechen; durch Legen von jeweils 2 gleichfarbigen Spielsteinen den Mundbildern/Buchstaben das passende Bild zuordnen

Mach mit!

ein Spiel mit Spielfiguren im Buch spielen:
abwechselnd würfeln und entweder den Anlaut des Wortes (gelbe Felder) oder die Anzahl der Silben (orange Felder) bestimmen, bei richtiger Lösung ein Feld vorrücken

Philip Waechter, Rosi in der Geisterbahn, 2005

Rosi in der Geisterbahn

Endlich war Rosis großer Tag gekommen.
Sie hatte einen Plan.
Am Kartenhäuschen kaufte sie sich
eine Fahrkarte. Sie setzte sich
in den allerschönsten Wagen und fuhr los.
Es war genauso gruselig,
wie sie es sich vorgestellt hatte.
Unzählige Augen starrten sie an,
spitze Zähne blitzten,
scharfe Klauen kratzten und
riesige Mäuler fauchten.

Doch nun gab es kein Zurück mehr.
Rosi sprang aus ihrem Wagen.
Mit ein paar geschickten Handgriffen
setzte sie die ersten Monster außer Gefecht.
Doch für das Größte und Schrecklichste
hatte sich Rosi
etwas besonders Gemeines ausgedacht.

Philip Waechter

den Text von einem guten Vorleser vorlesen lassen;
die Bilder betrachten und dazu erzählen;
eine Fortsetzung der Geschichte erzählen, malen und/oder schreiben

S. 128 Zu einem Bild schreiben

Zwerg

Es war einmal ein Zwerg,
der saß auf einem Berg,
der stand in einem Land,
das Land ist unbekannt.
Es liegt auf einem Stern,
der Stern ist klein und fern.

Das war so seltsam schön,
und ich, ich hab's gesehn!
Und zwar vergang'ne Nacht,
bevor ich aufgewacht …

Erwin Moser

das Gedicht vorlesen lassen; das Gedicht mitsprechen und dies durch ein Fingerspiel unterstützen; das Gedicht auswendig lernen

S. 124 Ein Gedicht mit Bewegungen auswendig lernen

Mein Traum

Mein Traum

Ich kann fliegen.

David

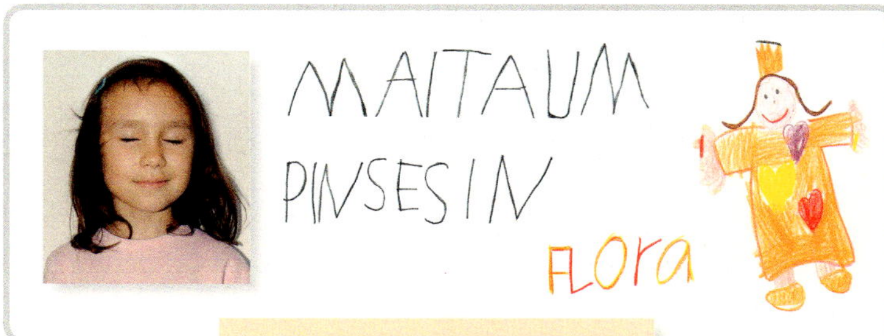

Mein Traum

Prinzessin

Flora

Mein Traum

Wenn ich erwachsen bin,
möchte ich Ritter sein.

Maik

die Kindertexte von einem guten Leser vorlesen lassen; zum Thema „Mein Traum“ malen und mit dem Anlaut-Mobile schreiben; die Arbeiten mit einem eigenen Foto präsentieren

S. 126 Mit dem Anlaut-Mobile schreiben

Zauber-Koffer

Das ist ein Zauber-.

Im  ist ein .

Im  ist eine .

In der  ist eine .

Die  sagt:

den Text von einem guten Vorleser vorlesen lassen und die Bilder mitlesen;
durch Legen von jeweils 2 gleichfarbigen Spielsteinen den Bildern die passenden Wörter zuordnen

Wort-Zauberei

durch Legen von jeweils 2 gleichfarbigen Spielsteinen die sich reimenden Bilder zuordnen und ggf. die Wörter dazu zeigen

Verrückte Welt

die Bilder betrachten;
zum Thema „Verrückte Welt“ erzählen, malen und ggf. schreiben

Atak

Der Fisch
hat einen Regenschirm.
Das finde ich irgendwie komisch.
Der Fisch will nie nass werden,
weil er wasserscheu ist.
Jonas

S. 128 Zu einem Bild schreiben

Rosina und der Riese

Es war einmal eine kleine Hexe. Die hieß Rosina.
Eines Tages traf Rosina einen Riesen.
Der Riese war sehr traurig, denn er wurde jeden Tag ein bisschen kleiner. Eine böse Hexe hatte ihn verhext.
Rosina wollte ihm helfen. Der Riese sprach:
„Suche den Zauberring für mich!“
Rosina ging in den Wald und suchte nach dem Zauberring.
Dort traf sie einen großen roten Drachen. Der Drache gab Rosina eine rosa Feder und sprach:
„Streiche mit der Feder über deine Nase!“
Rosina tat, was der Drache ihr befohlen hatte und plötzlich steckte der Zauberring an ihrem Finger.
Rosina ging zurück zum Riesen und gab ihm den Zauberring.
Der Riese war glücklich, denn jetzt war er wieder ein richtiger, riesengroßer Riese.
Zum Dank schenkte er Rosina eine Zauberkugel.

das Bild betrachten und den Text vorlesen lassen; den Inhalt des Textes mündlich wiedergeben

S. 122 Zuhören und verstehen

Was ist da?

Rosina

Mobi

Hase

Nase

Foto

Feder

Roboter

Riese

Drache

Domino

Wald

Wurm

Rosina hat ein Foto.

Rosina hat eine Feder.

Die Feder ist grün.

Die Feder ist rosa.

die 3 Differenzierungsangebote je nach Könnensstand lesen und durch Legen von Spielsteinen entscheiden, welches Wort/welcher Satz zum Text passt; eine Fortsetzung des Märchens schreiben oder erzählen

Lies mit!

- Ti
- Tu
- Ta

- Ro
- Ri
- Ra

Fe-

- del
- dul
- der

U-

- fa
- fo
- fi

- Mund
- Milch
- Mond

- Lolli
- Lupe
- Lampe

die Bilder benennen und durch Legen von Spielsteinen den passenden Wortanfang, das passende Wortende oder das passende Wort erlesen und zuordnen

Mach mit!

Meine Wickelwörter

1

2

F

FE

FED

FEDE

FEDER

FEDER

Hier und anderswo

Yann Arthus-Bertrand, Die Erde von oben, 2001

Die Erde von oben

Die blumen wise
ich se ein schmeterling und
ein marinkefer und drai Blumen

Nicole

Die Blumenwiese

Ich sehe einen Schmetterling
und einen Marienkäfer
und drei Blumen.

Nicole

ICHSEAIN
FUSBALFELT
LUKAS

Ich sehe
ein Fußballfeld.

Lukas

die Bilder betrachten und dazu erzählen;
die Kindertexte von einem guten Leser vorlesen lassen; zum Thema „Die Erde von oben" malen und mit dem Anlaut-Mobile schreiben

S. 126 Mit dem Anlaut-Mobile schreiben

Ich bin in der Welt

Wo ist Murat?

Murat ist am .

Murat malt die .

Was macht Sina?

Sina ist am Tisch.

Sina hat eine Brille.

das Bild betrachten und dazu erzählen;
die Wörter und Sätze im Bild von einem guten Leser vorlesen lassen;
die drei Differenzierungstexte je nach Könnensstand lesen und die Suchaufgaben lösen

Wo ist Irina?

Was sucht Tom?

Wer findet Deutschland?

Hat Fatima braune Zöpfe?

vom eigenen Heimatland erzählen;
die Flagge dazu malen und mit dem eigenen Namen beschriften;
die Flagge mit dem Namen auf einer Landkarte befestigen

Kleine Mühle

Die Kinder in Afrika
spielen gerne Kleine Mühle.
Sie malen das Spielfeld in den Sand,
auf die Straße oder auf ein Blatt Papier.
Es können zwei Kinder spielen.

Spielregel:

1 Jedes Kind
bekommt drei Spielsteine.

2 Die Kinder legen
abwechselnd
ihre Spielsteine ab.

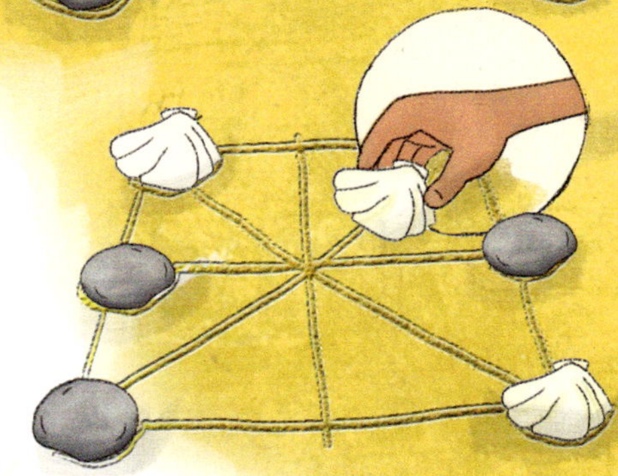

3 Die Kinder schieben
abwechselnd
ihre Spielsteine.

4 Sieger ist,
wer als erster
eine Mühle hat.

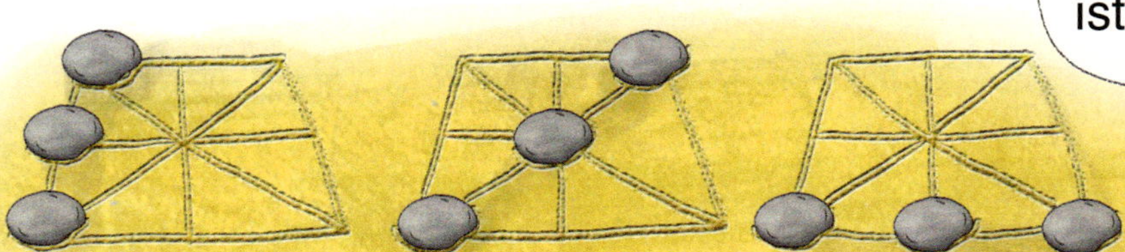

den Text und die Spielregel von einem guten Leser vorlesen lassen; jeweils zwei Kinder spielen das Spiel auf dem Spielfeld von Seite 52

Wohnen hier und da

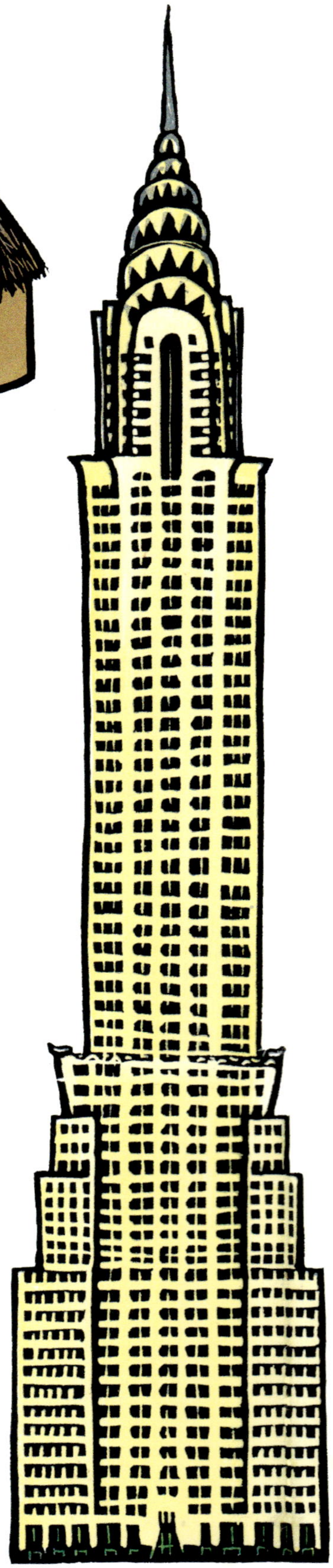

Joëlle Jolivet

Iglu

Tipi

Haus
Baumhaus

Haus
Hochhaus

Wagen
Planwagen

Hütte
Lehmhütte

die Bilder betrachten und dazu erzählen;
die drei Differenzierungsangebote je nach Könnensstand lesen und den passenden Bildern zuordnen

Was passt nicht?

Iglu Haus Elefant Tipi

Fenster Tür Hose Wand

Küche Fahrrad Wohnzimmer Badezimmer

Ich will
in einem Wolkenhaus
wohnen.
Janne

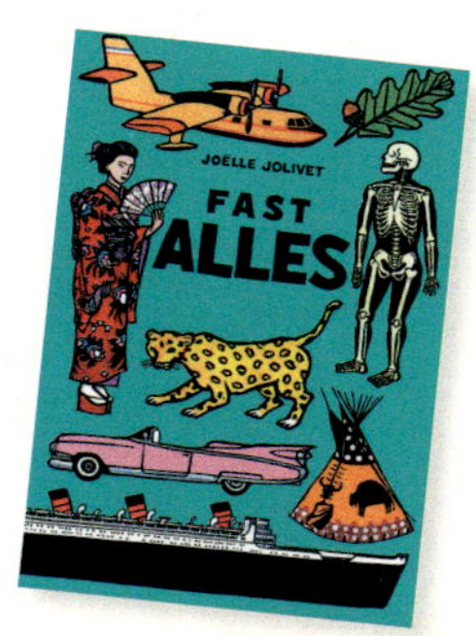

Lege einen Stein
auf das Wort,
das nicht passt.

das unpassende Bild mit einem Spielstein belegen;
die drei Differenzierungsangebote je nach Könnensstand lesen und die unpassenden Wörter mit Spielsteinen belegen

S. 130 Ein Wort finden, das nicht passt

Ich kenne ein Land, das du nicht kennst …

In **Norwegen** gibt es ein lustiges Gesetz.
Es sagt, dass jede **Kuh** auf einer Matratze schlafen soll.
Die Kühe liegen aber nicht in einem Bett.
Die Matratzen werden in den Stall unter das Stroh gelegt.
Weil die Kühe darauf so gut schlafen, bleiben sie länger liegen
und geben mehr Milch.

Die  ist auf der 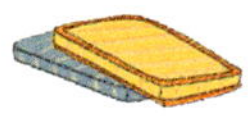.

Die  kann gut schlafen.
Sie gibt mehr .

Ich kenne ein Land,
das du nicht kennst,
da schlafen  auf 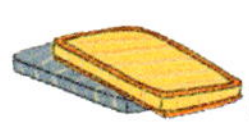,
und dieses Land heißt …
… Norwegen.

das Bild betrachten;
die drei Differenzierungstexte je nach Könnensstand lesen und darüber sprechen;
den Informationstext von einem guten Leser vorlesen lassen

In **Island** ist es im Winter sehr kalt.
Darum werden die **Pferde** im Herbst
nicht nur mit Getreide,
sondern auch mit Fischen gefüttert.
Durch das Fischfett bekommen die Tiere
ein besonders dichtes und warmes Winterfell.

Das  mag 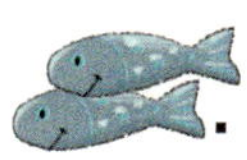.

Das  frisst .
Dadurch wird das Fell
dicht.

Ich kenne ein Land,
das du nicht kennst,
da fressen  Fisch,
und dieses Land heißt …
… Island.

nach Martina Badstuber

das Bild betrachten;
die drei Differenzierungstexte je nach Könnensstand lesen und darüber sprechen;
den Informationstext von einem guten Leser vorlesen lassen

Lies mit!

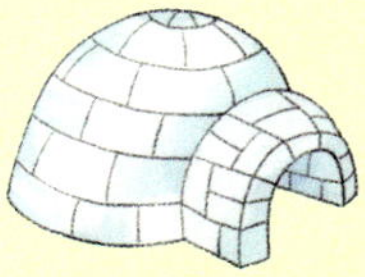

Ig-
- la
- lu
- le

Baum-
- haus
- nase
- hose

- die Wolke
- die Welt
- der Wal

- der Fisch
- die Feder
- die Fahne

- Mia malt eine Insel.
- Mama malt einen Igel.
- Mario malt ein Iglu.

- Pia ist auf dem Zelt.
- Pia ist vor dem Zelt.
- Pia ist im Zelt.

die drei Differenzierungsangebote je nach Könnensstand lesen und durch Legen von Spielsteinen entscheiden, welches Wort/welcher Satz zum Bild passt

Mach mit!

Mein Lesefächer

1

2

3

4

den Lesefächer als Syntheseübung kennen lernen;
ein eigenes Wort auswählen, das Wort aufschreiben und prüfen lassen und selbst einen Lesefächer herstellen;
die Lesefächer in der Klasse erproben

Katharina Grossmann-Hensel, Das Vehikel, 2006

Das Vehikel

An einem Regennachmittag erfand Franz Ferdinand ein Fahrzeug. Dieses Fahrzeug konnte nicht nur fahren, sondern auch fliegen und schwimmen. Franz Ferdinand zeichnete seine Erfindung auf ein Blatt und malte sie schön bunt.

Er brachte seine Zeichnung zum Patentamt.
„Nein, tut mir leid, so ein Vehikel kann man unmöglich bauen."

Franz Ferdinand ging zu einer berühmten Autofirma.
„Ausgeschlossen! Dieses Vehikel kommt für uns nicht in Frage!"

Franz Ferdinand schaute auf sein Blatt. Dann hatte er eine Idee.
Er ging zur Geibelstraße 102 und klingelte im 7. Stock.
Dort wohnte Kari. Sie sah sich die Zeichnung gründlich an.

„Worauf warten wir noch? Ich will am Fenster sitzen.
Wie lange wird es dauern, bis du das Fahrzeug gebaut hast?"

„Zehn Minuten, höchstens", schätzte Franz Ferdinand.
Und tatsächlich …

Karla Schneider

das Bild betrachten und dazu erzählen;
den Text von einem guten Leser vorlesen lassen;
zum Thema malen und schreiben (ggf. mit dem Anlaut-Mobile)

S. 128 Zu einem Bild schreiben

Jasper schafft Platz

Jasper hat viele .

Jasper hat viele .

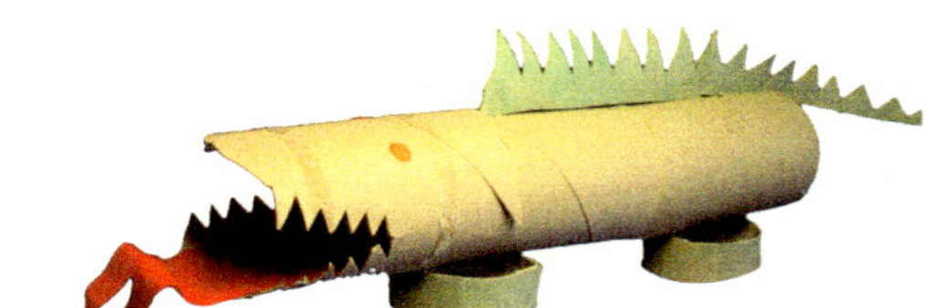

Jasper sagt:

Ich habe eine Idee!

das Bild betrachten und dazu erzählen

Jasper fragt Alfons:

Willst du eine Rakete haben?

Alfons sagt:

Ja

Jasper gibt Alfons 7 .

Jasper fragt Stina:

Willst du Indianer-Schmuck haben?

Stina sagt:

Ja

Jasper gibt Stina 14 .

nach Martin Bertelsen

die drei Differenzierungstexte je nach Könnensstand lesen und darüber sprechen; eigene Objekte mit Toilettenpapierrollen basteln

Der F-Tsch-Chr-Klack-Wumm-Apparat

Gerhard Schöne (Text und Melodie)

den Liedtext von einem guten Leser vorlesen lassen;
sich gemeinsam passende Gesten überlegen;
das Lied mit den Gesten gemeinsam singen

Mein Wunsch-Apparat

Mein Wunsch-Apparat
bringt einen Hund,
der schwarz und
braun ist.

Maximilian

Mein Apparat kann mich
in die Türkei bringen.

Hüdanur

Das Auto

Was ist da?

3 Hupen

1 Auto

3 Türen

Was stimmt?

Die Tür ist gelb.

Das Lenkrad ist schwarz.

Die Reifen sind rot.

das Bild betrachten und dazu erzählen;
die drei Differenzierungsangebote je nach Könnensstand lesen und
durch Legen von Spielsteinen entscheiden, welches Wort/welcher Satz zum Bild passt

Was stimmt?

- Das Auto ist in der Werkstatt.
- Das Auto hat keine Reifen.
- Auf dem Boden liegen 7 Schrauben.
- Ein Rad hat 5 Schrauben.

Das erste Auto sah aus wie eine Kutsche.
Dieses Auto war so langsam wie ein Mensch.
Es gab noch kein Benzin.
Das Auto fuhr mit dem Dampf von Wasser.
Das Auto hatte Räder aus Holz.

den Sachtext von einem guten Leser vorlesen lassen; mit Hilfe des Bildes beschreiben, was sich bei einem modernen Auto verändert hat

S. 132 Passende Sätze finden

Flugzeuge aus Papier

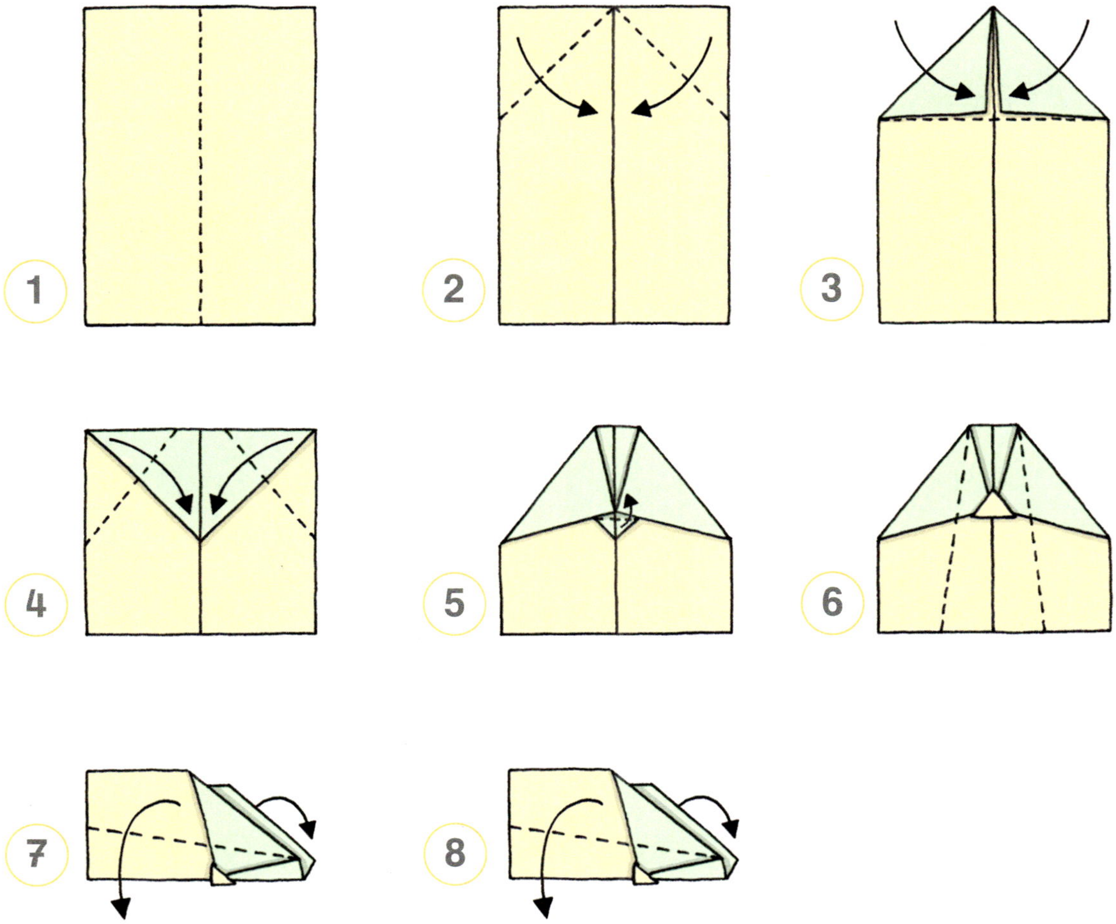

nach Cordula Wehrmeyer

einen eigenen Papierflieger mit Hilfe der Anleitung oder ohne Anleitung bauen

Der Zeppelin

Im Zeppelin
ist Gas.

Der Zeppelin
ist mit Gas gefüllt.
Das Gas ist leichter als Luft.
So kann der Zeppelin in der Luft schweben.

Im Zeppelin sitzen die Menschen
in einer Kabine.
Die Kabine heißt Gondel.
Mit dem Zeppelin konnten die Menschen früher
bis nach Amerika fliegen.
Er brauchte aber viel mehr Zeit
als ein Flugzeug heute.

Lies mit!

Welches Wort passt nicht?

Buch Zeitung Heft Haus

Ampel Gabel Auto Straße

Computer Baum Radio Fernseher

Telefon Tasten Hörer Lastwagen

Rakete Astronaut Raumschiff Ruderboot

Fahrrad Motorrad Backofen Dreirad

die drei Differenzierungsangebote je nach Könnensstand lesen und das unpassende Wort jeweils mit einem Spielstein belegen

S. 130 Ein Wort finden, das nicht passt

Mach mit!

Eine Erfindung würfeln

RAKETEN-	WALD
AUTO-	BAUM
TASCHEN-	GABEL
BALL-	HAUS
COMPUTER-	SOFA
?	?

1

Würfele und male deine Erfindung. Schreibe das Wort auf.

2

Ein anderes Kind sucht das Wort.

Fantasieerfindungen würfeln, lesen, schreiben und malen; die Zeichnungen und Wörter in der Klasse zuordnen lassen

Leseratten und Computermäuse

Lauren Child, Das ist aber total mein Buch, 2007

Das ist aber total mein Buch

Ich hab 'ne kleine Schwester: Lola.
Lola sagt: „Charlie! Käfer, Wanzen und
Schmetterlinge ist mein allerliebstes Buch.
Und ich brauche es jetzt sofort!"

Dann sind wir in der Bücherei, und ich muss Lola sagen:
„Schsch! Lola, das ist eine Bücherei. Wir müssen leise sein."
Lola sagt: „Tschuldigung.
Aber ich kann mein Buch nicht finden!"
Ich sage: „Du musst bei den Büchern suchen,
die mit **K** anfangen."
Lola sagt: „Aber Charlie, mein Buch ist verschwunden!"
Ich sage: „Jemand hat das Buch ausgeliehen."
Lola sagt: „Aber das darf der nicht. Es ist mein Buch!"
Also sage ich: „Lola, es gibt tausend andere Bücher,
die du ausleihen kannst. Es gibt Detektivgeschichten
und Bücher über Dinosaurier, Abenteuergeschichten
und Gruselgeschichten.
Bücher über Prinzessinnen, Burgen und Drachen.
Und Bücher über Flugzeuge und Astronauten.
Über Vulkane, Monster, Berge und Zwerge.
Und Bücher über Elfen."

Lauren Child

S. 134 Ein Buch vorstellen

Lesezeit

Was stimmt?

- Mobi liest ein Buch.
- Mobi schreibt ein Buch.

- Esra und Mama sitzen auf dem Balkon. Sie lesen Bücher.
- Pia und Susi kommen aus der Schule. Sie tragen Bücher.

das Wimmelbild betrachten und dazu erzählen; die drei Differenzierungstexte je nach Könnensstand lesen und durch Legen von Spielsteinen entscheiden, welcher Satz/Text zum Bild passt (dabei auf Mobis Tipp hinweisen)

S. 132 Passende Sätze finden

Felix und Nina wollen ein Eis bestellen.
Sie lesen die Eiskarte.
Ein Kellner kommt an den Tisch.

Tim ist im Buchladen.
Er möchte sich ein Buch kaufen.
Im Schaufenster hängt ein Plakat.
Ein Buch ist darauf zu sehen.

von eigenen Lesesituationen und Leseorten erzählen und ggf. dazu malen und schreiben

Petra

Petra liest und schmökert immer,
nicht nur hier in ihrem ___.

Sie liest auch gern auf hohen Bäumen
und in tiefen Kellerräumen,
sie liest im Bett und auf dem Klo
und in der Wanne sowieso.

Neulich las sie auf der Straße
und stieß schmerzhaft mit der ___
und der Stirn an die Laterne
und sah plötzlich nur noch ___.

Doktor Specht, dieser Banause,
verordnet eine Lesepause.
Auf dem Rezept steht: Augen zu,
Stille, Eisbeutel und Ruh!

Kaum ist der Doktor aus dem Haus,
holt Petra gleich ihr Buch ___:
Sie ist so auf den Schluss gespannt!
Doch fällt das Buch ihr aus der ___.

Rotraut Susanne Berner

Zimmer

Hand

heraus

Sterne

Nase

den Text von einem guten Leser vorlesen lassen;
dem Vorlesen zuhören und die Reimwörter ergänzen;
von eigenen Leseerfahrungen erzählen

Frau Berner macht Bücher

Frau Berner zeichnet Bilder
für Kinderbücher.
Sie ist eine Illustratorin.
In ihrem Arbeitszimmer
steht ein großer Schreibtisch.
Dort sitzt Frau Berner
und arbeitet.
Sie zeichnet ihre Bilder
am Computer und
mit der Hand.

Frau Berner schreibt auch Geschichten für Kinder.
Sie ist eine Autorin.
Sie hat schon viele Bücher geschrieben.
Ihre Wimmel-Bilderbücher sind sehr bekannt.
Auch die Geschichte über Petra
hat sie geschrieben.
Dazu hat sie die Bilder gezeichnet.

den Text von einem guten Leser vorlesen lassen;
über den Text, das Foto und die Buchcover sprechen;
ggf. mit Verweis auf Seite 83 selbst ein kleines Faltbuch herstellen

S. 122 Zuhören und verstehen

Max und der Computer

die Bilder betrachten, die Sprechblasentexte lesen und darüber sprechen; den Text mit verteilten Rollen lesen und ggf. spielen

Wo seid ihr?
Oh!

Willi will's wissen: Wie entsteht ein Trickfilm?

Willi will's wissen ist eine Fernsehserie.
Willi Weitzel heißt der Reporter dieser Sendung.
Willi erklärt den Zuschauern verschiedene Berufe.
Dabei begleitet er Menschen einen Tag lang
und lässt sich ihre Arbeit genau erklären.

Hier erklärt Willi, wie der Trickfilm *Die Hexe Lilli* entsteht.

Der Zeichner Sam
zeigt Willi,
wie der Drache Hector
gezeichnet wird.

Nun versucht Willi,
den Drachen zu zeichnen.
Viele kleine Zeichnungen
zeigen eine Bewegung
des Drachen.

den Text von einem guten Leser vorlesen lassen;
die Fotos betrachten und über Text und Fotos sprechen

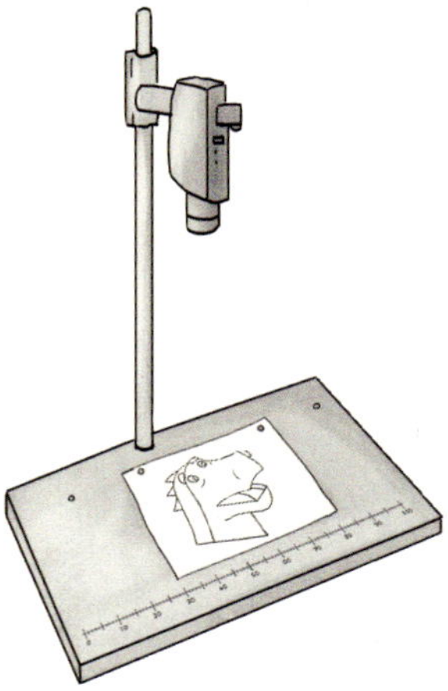

Jede Zeichnung wird
von einer Kamera gefilmt.
Die Figuren bewegen sich,
wenn die Zeichnungen
schnell hintereinander
abgespielt werden.

Am Computer bekommen
die Figuren ihre Farbe.
Hector wird grün eingefärbt.
Für eine Folge der Hexe Lilli
müssen 15.000 Zeichnungen
gemacht werden.

Nun besucht Willi ein Tonstudio.
Eine Frau spricht die Hexe Lilli.
Ihre Stimme wird aufgenommen.
Wenn Lilli im Film spricht,
hört man die Stimme der Frau.
Willi gibt dem Koch
seine Stimme.

Lies mit!

Was stimmt?

- In der Bücherei sind viele Regale.
- In der Bücherei sind viele Bücher.

- Frau Sommer liest mit Ole in einem Dino-Buch.
- Peter liest am Computer und hört dabei Musik.

- Marco steht vor einem Regal. Er sucht sich ein Hörbuch aus.
- Mia sitzt mit Pia am Computer. Die Mädchen lesen zusammen.

das Bild betrachten; die drei Differenzierungstexte je nach Könnensstand lesen und durch Legen von Spielsteinen entscheiden, welcher Satz/Text zum Bild passt (dabei auf Mobis Tipp hinweisen)

S. 132 Passende Sätze finden

Mach mit!

Mein kleines Faltbuch

1

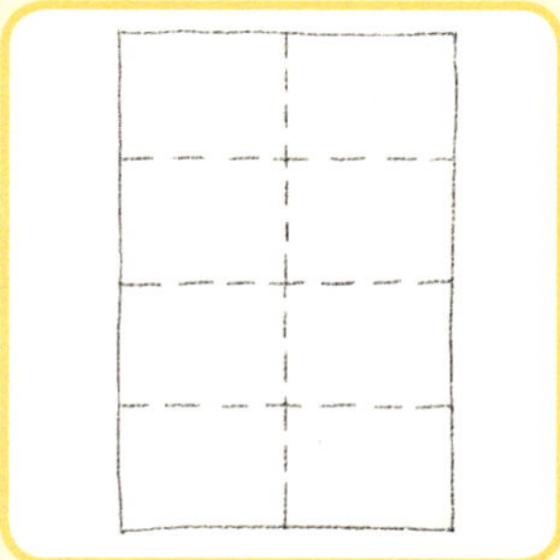

2

3

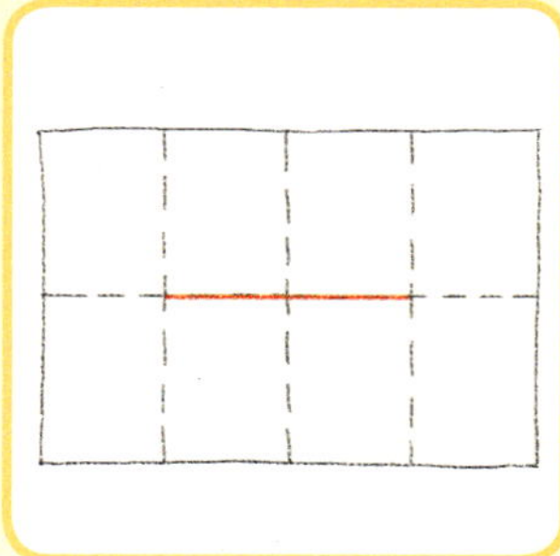

4

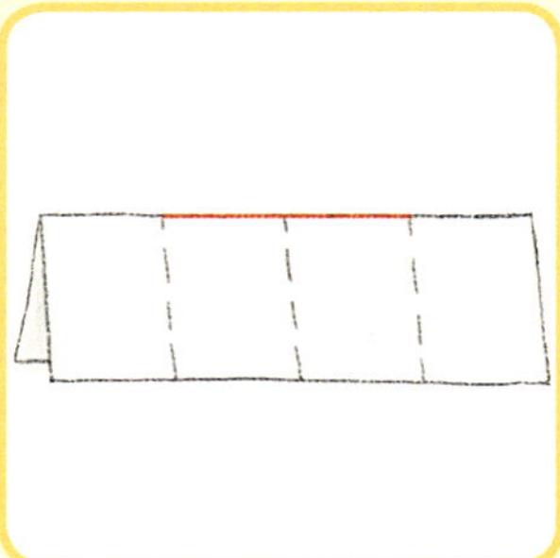

5

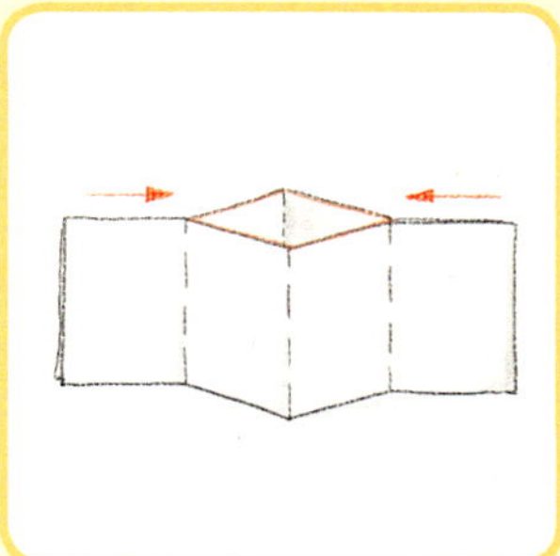

6

In der Natur

René Mettler,
Die Natur ganz nah und weit weg, 2004

Garten

Ich sitze im Gras und schweige.
Der Himmel ist blau wie das Meer.
Der Wind bewegt die Zweige,
sie schwingen leicht, hin und her.

Ich höre die Amseln und Stare.
Ich sehe die Käfer im Kraut.
Der Wind bewegt meine Haare,
die Sonne berührt meine Haut.

Georg Bydlinski

über die Bilder auf Seite 84 sprechen;
dem Vorlesen mit geschlossenen Augen zuhören;
ein Bild zum Gedicht malen

S. 124 Ein Gedicht mit Bewegungen auswendig lernen

Auf der Wiese

Was stimmt?

- Die Ameisen krabbeln über den Stein.
- Der Löwenzahn hat eine gelbe Blüte.

- Die Katze leckt ihre Tatze und die Spinne spinnt ein Netz.
- Die Eule sitzt auf dem Baum und die Maus läuft davon.

das Bild betrachten; die drei Differenzierungstexte je nach Könnensstand lesen und durch Legen von Spielsteinen entscheiden, welcher Satz/Text zum Bild passt (dabei auf Mobis Tipp hinweisen)

S. 132 Passende Sätze finden

Auf der Wiese gibt es viele Tiere und Pflanzen:
Die Mohnblumen und die Löwenzähne blühen.
Ein Spatz sucht nach Futter.
Im Gras hockt ein kleiner Frosch mit großen Füßen.

Auf der Wiese gibt es viele Tiere und Pflanzen:
Die Blumen blühen und die Bienen sammeln Honig.
Eine Ameise trägt ein großes Blatt.
Eine Katze schleicht hinter einem Spatzen her.

ein eigenes Wiesenbild malen, ggf. zu dem jeweils nicht passenden Satz oder Text

Die kleine Spinne spinnt und schweigt

Die Sonne scheint.
Es weht der Wind.
Die kleine Spinne
fängt gleich an,
ihr Netz zu spinnen.

Da kommt das Pferd und sagt:

Jihiia! Jihiia!
Willst du reiten?

Die kleine Spinne
spinnt und schweigt.

Da kommt die Kuh und sagt:

Muh! Muh!
Magst du
Heu und Hafer?

Die kleine Spinne
spinnt und schweigt.

die Bilder betrachten und den Text lesen;
für Schaf und Schwein eigene Texte formulieren

Da kommt …

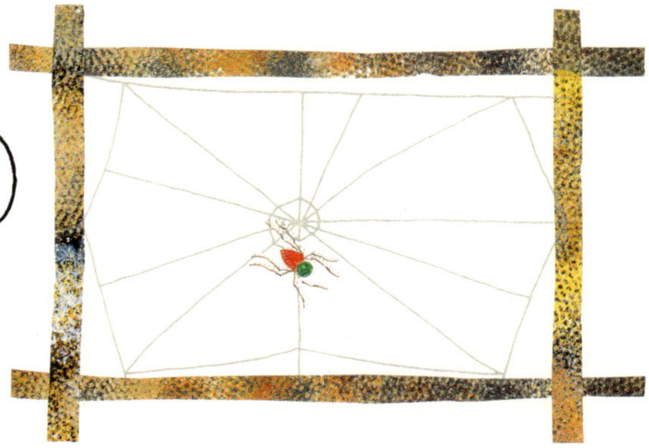

Da kommt der Hahn und sagt:

Die kleine Spinne schweigt und –
Schwupp!
Hat sie die Fliege
schon im Netz gefangen.
Seht!

Eric Carle

den Text mit verteilten Rollen lesen und ggf. spielen;
weitere Episoden mit anderen Tieren und der Spinne erfinden, dazu malen und schreiben

Der Schmetterling

Schmetterlinge legen Eier.

Aus dem Ei schlüpft die Raupe.
Die Raupe frisst Blätter und Früchte.

Die Raupe wickelt sich
mit einem Faden ein.
So wird aus der Raupe eine Puppe.

Aus der Puppe schlüpft
der Schmetterling.
Man darf seine Flügel nicht berühren.
Sonst kann er nicht mehr fliegen.

das Ei | die Puppe | die Raupe | der Schmetterling

die Fotos betrachten und den Text lesen;
den Textabschnitten die passenden Zwischenüberschriften zuordnen

Schmetterlinge aus Filterpapier

Du brauchst:
- eine Filtertüte
- Wasserfarben und Pinsel
- schwarze Pappe
- Schere und Kleber

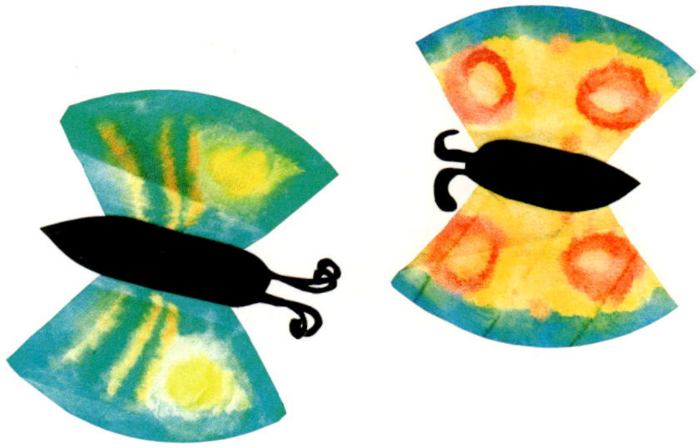

1

Male eine Filtertüte
mit Wasserfarben an.

2

Schneide die Filtertüte
an beiden Seiten auf.

3

Schneide aus Pappe
einen Körper aus.

4

Klebe
den Körper auf.

Der Stein

In meiner Hand
liegt ein kühler Stein.

Meine Hand
wärmt den Stein.

Meine Finger
schließen Freundschaft
mit dem Stein.

Georg Bydlinski

die Steine betrachten, gleiche Steine einander zuordnen und über die Beschaffenheit der Steine sprechen;
das Gedicht lesen und einen Stein in die Hand nehmen;
Steine sammeln und ein Stein-Memory zusammenstellen

Mein Stein

MEINSCHTIEN EST FON
DEr WISE
Er EST SchWAZ

Baschira

Mein Stein ist
von der Wiese.
Er ist schwarz.

Baschira

Mein Stein War klein und im Hohf in einer
Steinwiese. Ich habe in unter vielen Steinen gefunden.
Es war mein glüksbringer.

Tim

Mein Stein war klein und
im Hof in einer Steinwiese.
Ich habe ihn
unter vielen Steinen
gefunden.
Er war mein Glücksbringer.

Tim

For mir liegd ein stein.
Er ist dunkel grau und hat einen
braunen streifen.
Er fült sich in Meiner hant külan.
Rana

Vor mir liegt ein Stein.
Er ist dunkelgrau und
hat einen braunen Streifen.
Er fühlt sich in meiner Hand kühl an.

Rana

Lies mit!

Welches Bild passt?

Lisa schaut durch die Lupe
einen Käfer an.

Die Kinder spielen auf der Wiese.
Lisa sitzt im Gras.
Tim sieht einen Schmetterling an.

Die Kinder spielen auf der Wiese.
Lisa beobachtet Tiere.
Moni und Tim spielen Fangen.
Moni läuft hinter Tim her.

die drei Differenzierungstexte je nach Könnensstand lesen und durch Legen eines Spielsteines entscheiden, welches Bild zum Text passt; zu einem der Bilder eine Geschichte schreiben

S. 128 Zu einem Bild schreiben

Mach mit!

Lesespiel

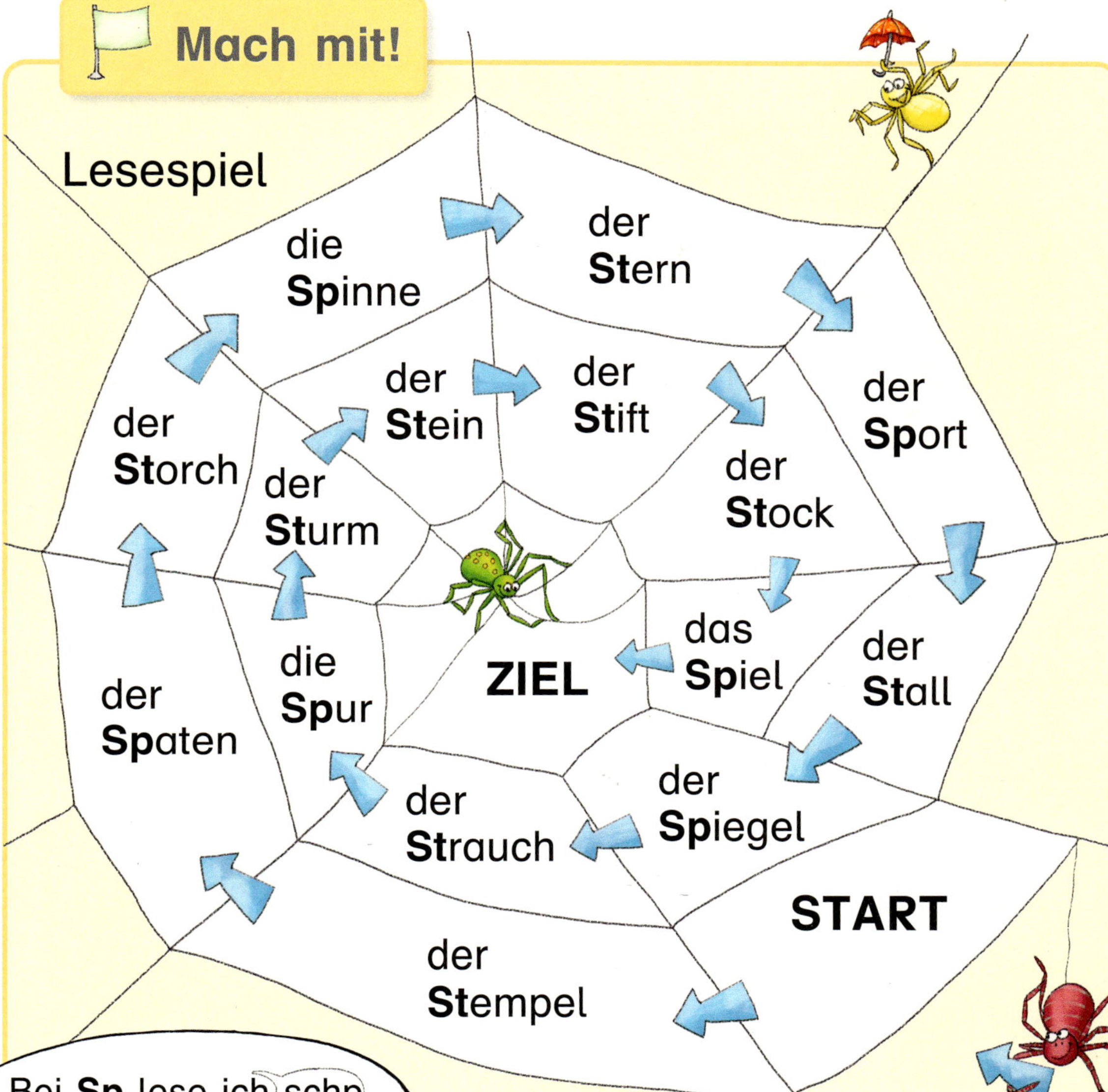

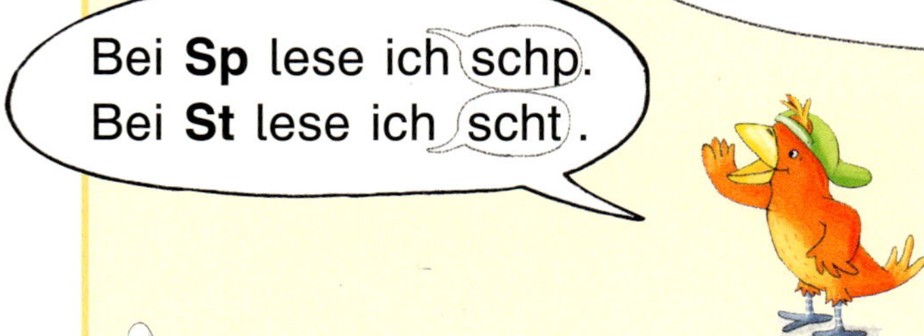

1. Würfele und setze deine Figur.
2. Lies das Wort. Achte dabei auf **Sp** und **St**. Wer richtig liest, rückt ein Feld vor.
3. Gewonnen hat, wer zuerst am Ziel ist.

die Spielanleitung von einem guten Leser vorlesen lassen; die Sprechblasentexte von Mobi und Ole lesen und besprechen; jeweils zwei Kinder spielen das Würfelspiel zusammen

Gemeinsam geht es besser

Chris Riddell, Irgendwie Anders, 1994

Irgendwie Anders

Auf einem hohen Berg,
lebte ganz allein
und ohne einen Freund
Irgendwie Anders.
„Du gehörst nicht hierher“,
sagten alle.
„Du bist nicht wie wir,
du bist irgendwie anders!“

Er wollte gerade schlafen gehen,
da klopfte es an der Tür.
Draußen stand jemand – oder etwas.
„Guten Tag!“, sagte das Etwas.
„Kenn ich dich?“, fragte Irgendwie Anders.
„Natürlich!“, rief das Etwas.
„Ich bin genau wie du!
Du bist anders – und ich auch.“

Und wenn einmal jemand an die Tür klopfte,
der wirklich sehr merkwürdig aussah,
dann sagten sie nicht „Du bist nicht wie wir“
oder „Du gehörst nicht dazu“.
Sie rückten einfach ein bisschen zusammen.

Kathryn Cave

Es klopft.
Sie machen die Tür auf ...

den Text von einem guten Leser vorlesen lassen;
die Bilder betrachten und zu Text und Bildern erzählen;
schreiben, wer vor der Tür stehen könnte und wie die Geschichte weitergeht

S. 128 Zu einem Bild schreiben

Ein Freund

Ich wünsche mir einen Freund, ...

... mit dem ich spielen kann
an einem regengrauen Tag.

... der mit mir tanzt und lacht,
wenn ich glücklich bin.

Ich wünsche mir einen Freund, ...

... der mir hilft,
wenn ich ihn brauche.

... der mit mir schweigt,
wenn ich traurig bin.

die Bilder betrachten und den Text lesen;
ggf. zu zweit darüber sprechen

Ich wünsche mir einen Freund, …

… der den Mut hat,
mir die Wahrheit zu sagen,
wenn alle anderen heimlich
über mich lachen.

… der all
seine Geheimnisse
mit mir teilt.

… mit dem ich all
meine Geheimnisse
teilen kann.

Annette Bley

Ich wünsche mir einen Freund,
der mit mir Fußball spielt.
Tim

Das Lied von den Gefühlen

Stephanie Stegfellner (Text und Melodie)

den Liedtext von einem guten Leser vorlesen lassen;
das Lied gemeinsam singen;
über eigene Gefühle sprechen

Was ich dir sagen möchte

Ich Fiende es ser
schön das du mich in der
Pause augemuntert hast als
ich nimant zum spielen hate.

Selena

Ich finde es sehr schön,
dass du mich in der Pause
aufgemuntert hast,
als ich niemanden
zum Spielen hatte.
Selena

Ich Freue mich das Michel in der Pause
mit mir spielt.

Nick

Ich freue mich,
dass Michel in der Pause
mit mir spielt.
Nick

ich möchte nicht Das
Seref nicht bei fußbal
imer weget

Tafil

Ich möchte nicht, dass Seref
beim Fußball immer weg geht.
Tafil

Achtung! Bissiges Wort!

Laura konnte Leo gut leiden.
Aber an diesem Tag hatte sich Laura
das rechte Knie zerschrammt.
Dann kam Leo und
gewann auch noch
beim Memory-Spielen.

Und da sagte
Laura zu Leo:
„Du !“

Noch während Laura „Du !“
zu Leo sagte, tat es ihr schon leid.
Sie meinte es überhaupt nicht so.
Aber: Gesagt ist gesagt.

Leo wusste nicht genau,
was ein war.
Aber bestimmt nichts Nettes –
so viel war ihm klar.
Also nahm er Ferdinand,
seinen Lieblingsbären,
und ging nach Hause.

den Text von einem guten Leser vorlesen lassen;
darüber sprechen, was das „bissige Wort“ sein könnte und wie die Geschichte weiter gehen könnte

Laura wartete darauf,
dass Leo zu ihr kam.
Aber die Türglocke blieb still.
Den ganzen Nachmittag.
Auch Leo saß allein
in seinem Zimmer.

Edith Schreiber-Wicke / Carola Holland

Laura fühlt sich schlecht.
Sie will sich entschuldigen.
Sie …

Leo fühlt sich schlecht.
Er will zu Laura gehen.
Er …

Ich bin der Stärkste im ganzen Land

den Comic lesen und
für die leeren Sprechblasen von Hase und Schweinen
eigene Texte formulieren

Mit diesen Worten rannte er
so schnell wie möglich fort.

nach Mario Ramos

Lies mit!

Welches Bild passt?

Ole, Lea und Mia spielen.
Tom will mitspielen.
Mia sagt: Nein!

Ole, Lea und Mia spielen ein Spiel.
Da kommt Tom.
Er will auch spielen.
Ole sagt: Nein!

Ole, Lea und Mia spielen ein Würfelspiel.
Ole ist an der Reihe.
Da kommt Tom.
Er fragt, ob er mitspielen darf.
Ole sagt: Nein!
Wir haben schon angefangen.

die Bilder betrachten, die drei Differenzierungstexte je nach Könnensstand lesen und durch Legen eines Spielsteines entscheiden, welches Bild zum Text passt; schreiben, wie die Geschichte weiter gehen könnte

Mach mit!

Welcher Satz passt?

1

Was hat dir
im ersten Schuljahr
besonders gut gefallen?
Male ein Bild.

2

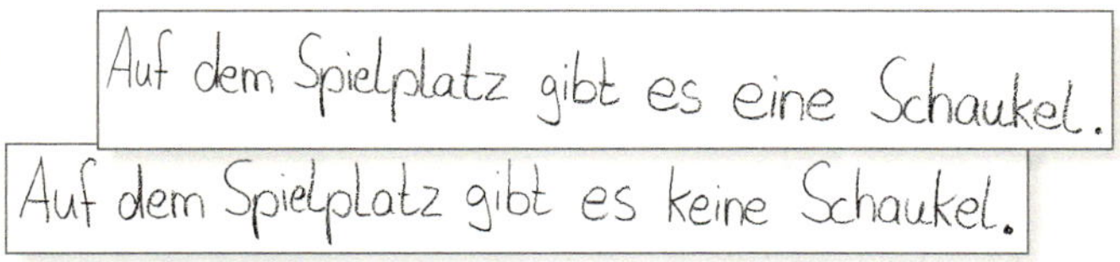

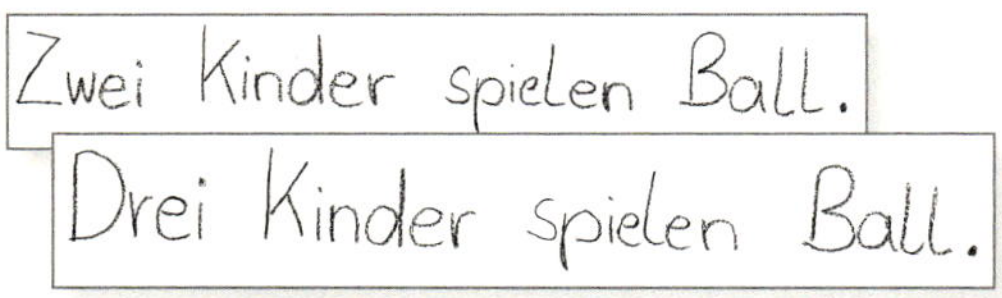

Schreibe
immer 2 Sätze
zu deinem Bild.
Ein Satz stimmt,
ein Satz stimmt nicht.

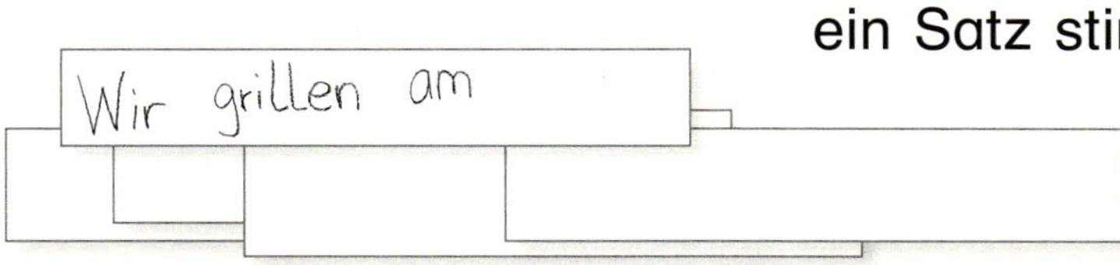

3

Suche dir
ein anderes Kind.
Es soll lesen und sagen,
welcher Satz stimmt.

die Bilder betrachten und die Anleitung lesen;
ein Bild malen, passende und unpassende Sätze dazu schreiben;
ein anderes Kind die passenden Sätze lesend bestimmen lassen

Schülerbeitrag, Die Jahreszeiten, 2009

die Jahreszeitenfenster betrachten;
über die Merkmale der Jahreszeiten, über Veränderungen in der Natur und über Feste sprechen

S. 128 Zu einem Bild schreiben

Herbst

 Esel

 Auto

 das Schwein

 Blume

 Zaun

 der Besen

Rotraut Susanne Berner

 die Laterne

der Kürbis

die Katze

 der Hund

das Blatt

die Ziege

die drei Differenzierungsangebote je nach Könnensstand lesen; die Bilder/Wörter im Wimmelbild suchen und durch Legen von 2 gleichfarbigen Spielsteinen kennzeichnen

Wir warten auf Weihnachten

Du brauchst:
- ein Glas
- Kleister
- ein Teelicht
- Transparentpapier

1 Zerreiße das Papier.

2 Beklebe das Glas.

3 Stelle die Kerze
in das Glas.
Zünde die Kerze an.

die Bastelanleitung von einem guten Leser vorlesen lassen;
ein eigenes Windlicht herstellen

Im Weihnachtsstall zu Bethlehem

Im Weihnachtsstall zu Bethlehem,
da war es schrecklich unbequem.

Der Wind blies rau und eisig kalt
durch jeden Tür- und Bretterspalt.

Maria, Josef und das Kind,
die zitterten im Winterwind.

Fünf Schafe kamen von dem Feld
und haben sich dazugesellt.

Schnell rückten alle dicht an dicht,
so fühlte man die Kälte nicht.

KNISTER

das Gedicht von einem guten Leser vorlesen lassen;
passende Bewegungen zum Gedicht ausprobieren;
das Gedicht mit Bewegungen mitsprechen

S. 124 Ein Gedicht mit Bewegungen auswendig lernen

Was machen die Kinder im Winter?

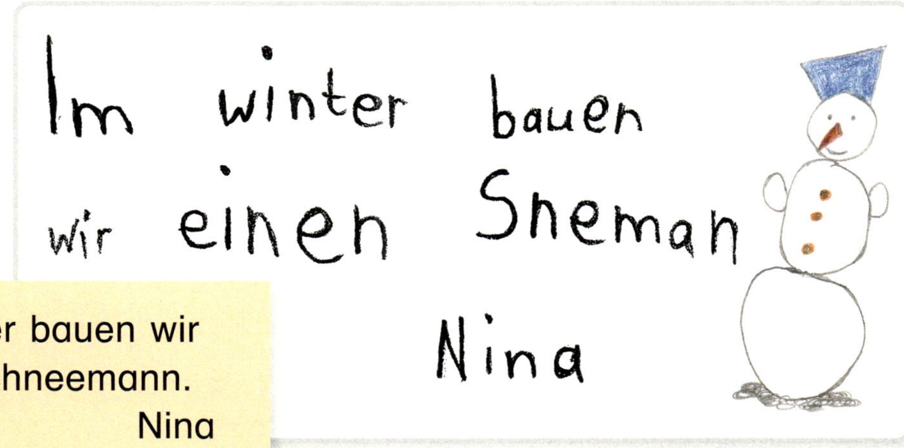

Im Winter bauen wir
einen Schneemann.
Nina

Schneeball schmeißen
Dennis

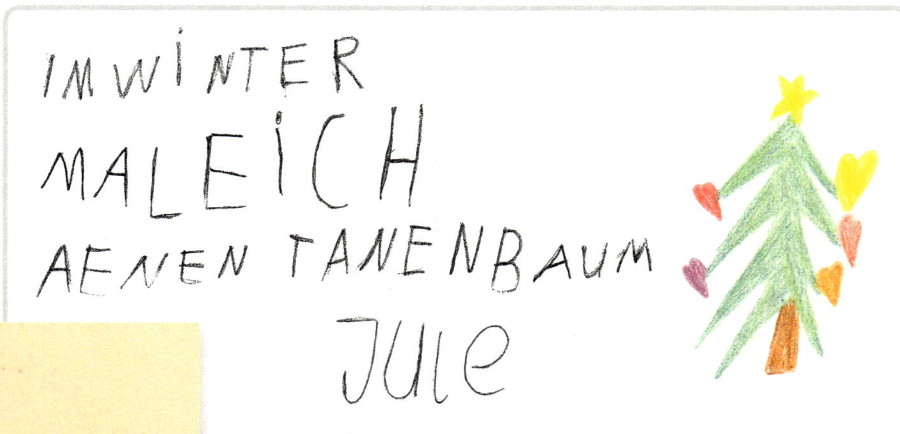

Im Winter
male ich
einen Tannenbaum.
Jule

die Kindertexte von einem guten Leser vorlesen lassen;
eigene Bilder zum Winter malen und mit dem Anlaut-Mobile dazu schreiben;
die Zeichnungen und Texte ggf. zu einem Buch binden

Was stimmt?

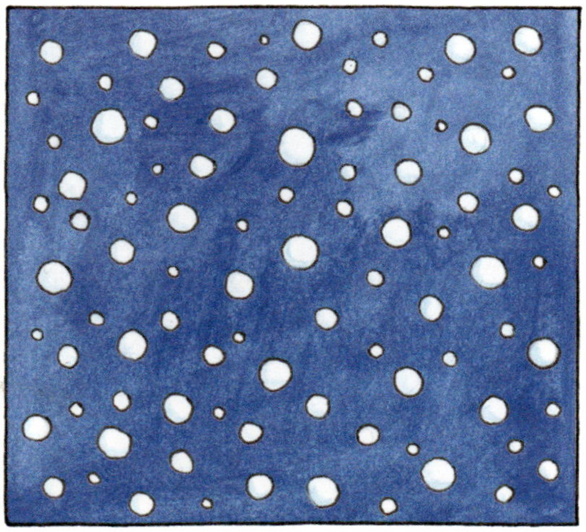

Schnee

Schule

Schneehase

Schneemann

Lisa hat
einen roten Mantel.

Lisa hat
einen roten Mund.

die drei Differenzierungsangebote je nach Könnensstand lesen und durch Legen von Spielsteinen entscheiden, welches Wort/welcher Satz zum Bild passt

Wenn die Frühlingssonne lacht

Wenn die Frühlingssonne lacht,
wenn die Blumen aufgewacht,

kommen übers weite Meer
alle Vögel wieder zu uns her.

Eines hierhin, eines dort!
Jedes an einen anderen Ort.

Die Kinder rufen vor Freude:
„Hurra!
Der Frühling,
der Frühling ist wieder da!“

Marga Arndt/Waltraud Singer

S. 124 Ein Gedicht mit Bewegungen auswendig lernen

Einen Vogel basteln

Die kleine Maus sucht den Osterhasen

Die kleine Maus hat die Stube gefegt.
An Ostern soll alles blitzblank sein.
Wann kommt der Osterhase endlich?

Die kleine Maus läuft
hinaus und sucht.
Sie findet ein Nest.
Aber ist das ein Osternest?

Hinter dem Zaun raschelt etwas.
Die kleine Maus schaut nach.
Das ist nicht der Osterhase!

Die kleine Maus hat ein Vogelnest
und einen Igel gefunden,
aber keinen Osterhasen.
Traurig geht die kleine Maus ins Haus.
Und was liegt da hinter dem Kissen?
Und da?
Und dort?

Sabine Lohf/Gerlinde Wiencirz

die Bilder betrachten und durch Legen von jeweils 2 gleichfarbigen Spielsteinen Text und Bild einander zuordnen

Rosa

Schaf schnaubt.
Der Sommer ist heiß.

„Mir ist nach Herbst“,
sagt Schaf etwas schlaff.
„Ach, hör doch auf!
Der Sommer ist wunderbar!“,
ruft Ziege.
„Du hast kaum Haare.
Deshalb hältst du das aus“,
sagt Schaf.

Da kommt der Bauer.
Er hat etwas in der Hand.
Er drückt Schaf auf den Boden!
Ziege ist überhaupt nicht einverstanden.
Sie rennt zum Bauern
und stößt ihm mit dem Kopf gegen die Beine.

Aber der Bauer schiebt Ziege weg.

Schaf Ziege

Plötzlich sieht Ziege ein Stück Rosa ...
Das Rosa wird immer mehr.
Aha! Schaf wird geschoren.

Im Gras liegt schon ein ganzer Berg Wolle.
Schaf rollt auf die Seite.
Das hier ist einfach wunderbar!

Schaf steht auf.
Es sieht sonderbar aus.
Ganz dünn und viel zu nackt.
Ziege lacht.
Schaf fühlt sich fantastisch.

Marleen Westera

Welche Sätze stimmen?

- Ziege findet den Sommer wunderbar.
- Schaf findet den Sommer wunderbar.
- Schaf geht es am Ende besser.
- Schaf geht es am Ende schlechter.

die Sätze lesen und durch Legen von Spielsteinen entscheiden, welcher Satz zum Text passt; die Geschichte als Rollenspiel oder mit Figuren spielen

Zuhören und verstehen

1

anschauen

Ich schaue mir das Bild
oder die Bilder an.

2

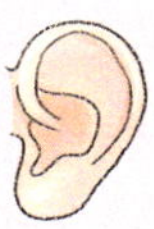

zuhören

Ich höre genau zu.

3

erzählen

Ich erzähle,
was ich mir gemerkt habe.
Die Bilder helfen mir dabei.

Bildfolge betrachten und dazu erzählen, die Schritte von einem guten Leser vorlesen lassen, die Schrittfolge erläutern (ggf. mithilfe von Symbolen an der Tafel)

S. 30, 44, 77

Auf dem Schulhof

Es klingelt. Die große Pause beginnt.
Paul spielt mit seinen Freunden Fußball.
Er schießt den Ball direkt ins Tor.
Maria malt mit Kreide ein Bild auf den Boden.
Zuerst zeichnet sie ein rotes Schiff. Dann malt sie
das blaue Meer. Drei Vögel fliegen über dem Schiff.
Da klingelt es. Schade, die Pause ist schon vorbei.

Lass dir die Geschichte vorlesen.
Erzähle, was du dir gemerkt hast.

Bild betrachten;
Text von einem guten Leser vorlesen lassen;
Vorgelesenes zum Bild nacherzählen

Ein Gedicht mit Bewegungen auswendig lernen

1

lesen

Ich lese das Gedicht oder
ich lasse es mir vorlesen.

2

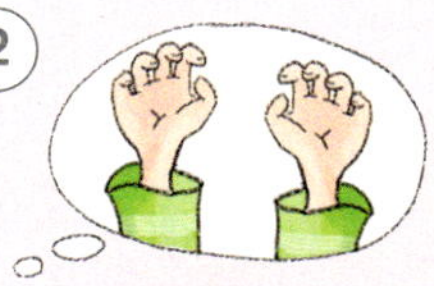

überlegen

Ich überlege:
Welche Bewegungen kann ich
zum Gedicht machen?

3

üben

Ich lese das Gedicht oder spreche es mit.
Ich mache passende Bewegungen dazu.

Bildfolge betrachten und dazu erzählen, die Schritte von einem guten Leser vorlesen lassen, die Schrittfolge erläutern (ggf. mithilfe von Symbolen an der Tafel)

S. 29, 38, 113

4

vortragen

Ich trage das Gedicht
auswendig
mit Bewegungen vor.

Lerne das Gedicht auswendig.

Die Feder

Ein Federchen flog durch das Land.
Ein Nilpferd schlummerte im Sand.

Die Feder sprach: „Ich will es wecken!“
Sie liebte, andere zu necken.

Aufs Nilpferd setzte sich die Feder
und streichelte sein dickes Leder.

Das Nilpferd sperrte auf den Rachen
und musste ungeheuer lachen.

Joachim Ringelnatz

das Gedicht von einem guten Leser vorlesen lassen; passende Bewegungen zum Gedicht ausprobieren;
das Gedicht mitsprechen und mit den passenden Bewegungen begleiten;
das Gedicht auswendig mit Bewegungen vortragen

Mit dem Anlaut-Mobile schreiben

1

sprechen

Ich spreche
das Wort deutlich.

2
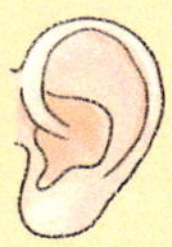
hören

Ich höre auf den ersten Laut
und suche den Laut
auf dem 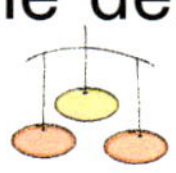 .

3

schreiben

Ich schreibe den Buchstaben
und suche den nächsten Laut.

Bildfolge betrachten und dazu erzählen, die Schritte von einem guten Leser vorlesen lassen, die Schrittfolge erläutern (ggf. mithilfe von Symbolen an der Tafel)

S. 13, 16, 23

Ich lese das Wort. Ich prüfe:
Habe ich für alle Laute
einen Buchstaben?

Schreibe die Wörter.

Zu einem Bild schreiben

1

anschauen

Ich schaue mir das Bild an.

2

überlegen

Ich überlege:
Was kann ich
zu dem Bild schreiben?

3

schreiben

Ich schreibe zu dem Bild.

Bildfolge betrachten und dazu erzählen, die Schritte von einem guten Leser vorlesen lassen, die Schrittfolge erläutern (ggf. mithilfe von Symbolen an der Tafel)

S. 36, 43, 61

④

vorlesen

Das ist
unser Flugauto.

Ich lese vor,
was ich geschrieben habe
oder ich lasse es vorlesen.

Schreibe zu dem Bild.

Bild betrachten, dazu erzählen;
Wörter, Sätze oder eine Geschichte zum Bild in ein Heft schreiben

Ein Wort finden, das nicht passt

1

lesen

Ich lese die Wörter.

2

überlegen

Ich überlege:
Welches Wort passt nicht?

3

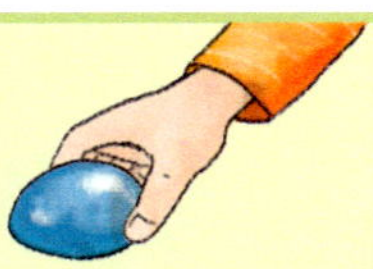

legen

Ich lege einen 
auf das Wort.

Bildfolge betrachten und dazu erzählen, die Schritte von einem guten Leser vorlesen lassen, die Schrittfolge erläutern (ggf. mithilfe von Symbolen an der Tafel)

S. 55, 70

Welches Bild passt nicht?
Lege einen Stein auf das Bild.

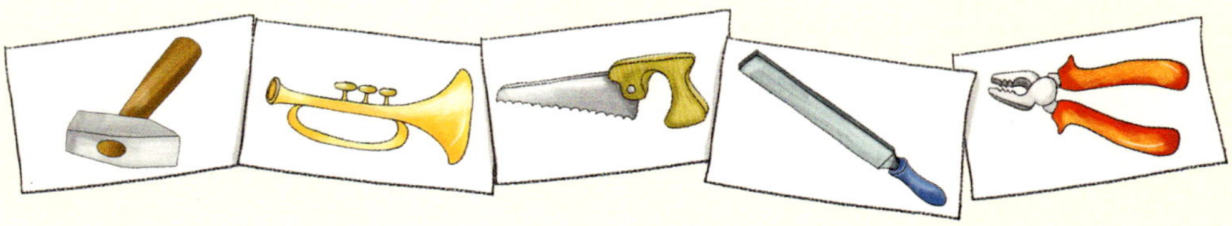

Welches Wort passt nicht?
Lege einen Stein auf das Wort.

Hose | Bluse | Tafel | Schal

Rose | Tulpe | Katze | Kaktus

Auto | Flugzeug | Hubschrauber | Krokodil

die Bilder betrachten und das unpassende Bild mit einem Spielstein belegen; die drei Differenzierungsangebote je nach Könnensstand lesen und die unpassenden Wörter mit Spielsteinen belegen

Passende Sätze finden

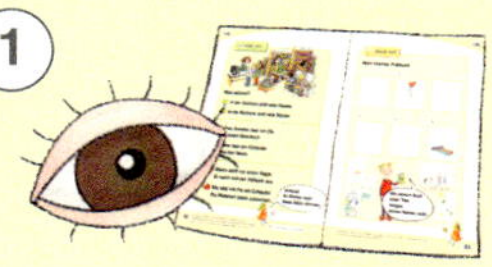

① anschauen

Ich schaue mir das Bild an.

② lesen

Ich lese die Sätze.

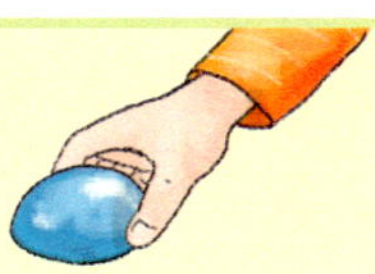

③ legen

Ich lege einen 
zu den passenden Sätzen.

Bildfolge betrachten und dazu erzählen, die Schritte von einem guten Leser vorlesen lassen, die Schrittfolge erläutern (ggf. mithilfe von Symbolen an der Tafel)

S. 33, 66, 74

Welche Sätze passen?
Lege einen dazu.

Die Tür ist zu.

Die Tür ist grün.

Im Zimmer wachsen Blumen.

Im Zimmer gibt es Gras.

Das Schneckenhaus
liegt auf einer Wiese in einem Zimmer.

Im Schneckenhaus
wächst Gras mit kleinen Blumen.

das Bild betrachten, auf den Tipp von Mobi hinweisen;
die drei Differenzierungstexte je nach Könnensstand lesen und
durch Legen eines Spielsteines entscheiden, welcher Satz zum Bild passt

Ein Buch vorstellen

1

schreiben

Ich schreibe auf:
- **Titel:** Wie heißt mein Buch?
- **Autor/Autorin:** Wer hat es geschrieben?

2

Bild malen

Ich male ein Bild zu meinem Buch.

3

schreiben

Ich schreibe zum Bild.

Bildfolge betrachten und dazu erzählen, die Schritte von einem guten Leser vorlesen lassen, die Schrittfolge erläutern (ggf. mithilfe von Symbolen an der Tafel)

S. 73

vorstellen

Ich stelle den anderen Kindern mein Buch vor.

Stelle dein Lieblingsbuch vor.

Du kannst auch deine Lieblingsstelle vorlesen.

Inhalt

Fantastisch und märchenhaft

Das kann ich!
Kompetenzheft zum Lesebuch 1
S. 8–9

R r, S s, T t, U u

Themenheft
zur Buchstaben-einführung
S. 16–23

Übungen:
Buchstabenhefte
Teil 3

Hier und anderswo

Das kann ich!
Kompetenzheft zum Lesebuch 1
S. 10–11

W w, H h, N n, D d, Ei ei

Themenheft
zur Buchstaben-einführung
S. 24–31

Übungen:
Buchstabenhefte
Teil 4

Inhalt

Sch sch, B b, G g, V v, Au au, Z z

Themenheft zur Buchstabeneinführung S. 32–41

Übungen: **Buchstabenhefte** Teil 5

Ideen und Erfindungen

Das kann ich! Kompetenzheft zum Lesebuch 1 S. 12–13

P p, Ä ä, Ö ö, Ü ü, Qu qu, ie, K k, ch

Themenheft zur Buchstabeneinführung S. 42–51

Übungen: **Buchstabenhefte** Teil 6

Leseratten und Computermäuse

Das kann ich! Kompetenzheft zum Lesebuch 1 S. 14–15

In der Natur

Gemeinsam geht es besser

Inhalt

Durch das Jahr

Das Lern-Mobile

Sprechen und zuhören

Schreiben

Erste Schritte zum **Texte schreiben**/ Erste Schritte zum **Richtigschreiben**

Lesen

Verzeichnis der Textarten und Erzählbilder

Quellenverzeichnis

Texte

S. 4 Mobi in der Schule; Originalbeitrag
S. 15 Volker Rosin (Text und Melodie): Das Lied über mich; © Moon-Records-Verlag, Düsseldorf
S. 18 Manfred Schlüter: Ich bin ich und wer bist du?, © by Thienemann Verlag (Thienemann Verlag GmbH), Stuttgart/Wien 2006
S. 25 KNISTER: Wo ist mein Schuh? fragt die Kuh, Geschichten und Spiele, mit Bildern von Silvio Neuendorf, © by Edition Bücherbär im Arena Verlag GmbH, Würzburg 2001
S. 28 Mein Lieblingstier; Originalbeiträge
S. 29 Ursula Barff: Katzen und Mäuse; aus: Ursula Barff: Lauter tolle Sachen, die Kinder gerne machen, Falken Verlag, Niedernhausen 1993
S. 30 Das Schwein; nach: Valérie Tracqui: Das Schwein, © Esslinger Verlag J. F. Schreiber, Esslingen 2005
S. 37 Philip Waechter: Rosi in der Geisterbahn, © Beltz & Gelberg in der Verlagsgruppe Beltz, Weinheim und Basel 2005
S. 38 Erwin Moser: Zwerg; aus: Hans Joachim Gelberg (Hrsg.): Überall und neben dir. Gedichte für Kinder, Beltz Verlag, Weinheim und Basel 1986
S. 39 Mein Traum; Originalbeiträge
S. 44 Rosina und der Riese; Originalbeitrag
S. 49 Die Erde von oben; Originalbeiträge
S. 52 Kleine Mühle; nach: www.sos-kinderdorf.at/Informationen/Aktuelles/Bildungscorner/starke-10/Documents/20070118_1150_KinderspieleausallerWelt.pdf
S. 56 Martina Badstuber: Ich kenn ein Land, das du nicht kennst …; © Tulipan Verlag, Berlin 2008
S. 61 Karla Schneider: Das Vehikel; mit Bildern von Katharina Grossmann-Hensel, © Patmos Verlag GmbH & Co. KG Sauerländer Verlag, Düsseldorf 2006
S. 62 nach Martin Bertelsen/Hartmut Kozok: Jasper schafft Platz, © 2005 Lappan Verlag GmbH, Oldenburg
S. 64 Gerhard Schöne (Text und Melodie): Der F-Tsch-Chr-Klack-Wumm-Apparat; aus: Sim Sala Sing, Helbing Verlag, Rum/Innsbruck und Esslingen 2005
S. 65 Mein Wunsch-Apparat; Originalbeiträge
S. 67 Das Auto; Originalbeitrag
S. 68 Flugzeuge aus Papier; nach Cordula Wehrmeyer: Das große Buch der tollen Papier-Flieger, © 2007 Tandem Verlag GmbH, h.f.ullmann ist ein Imprint der Tandem Verlag GmbH
S. 69 Der Zeppelin: Originalbeitrag
S. 73 Lauren Child: Das ist aber total mein Buch, Fischer Taschenbuch Verlag, ein Unternehmen der S. Fischer Verlag GmbH, Frankfurt am Main 2007
S. 76 Rotraut Susanne Berner: Petra, © Gerstenberg Verlag, Hildesheim 2009
S. 77 Frau Berner macht Bücher; Originalbeitrag
S. 78 Max und der Computer; Originalbeitrag
S. 80 Willi will's wissen: Wie entsteht ein Trickfilm?; Originalbeitrag
S. 85 Georg Bydlinski: Garten; aus: Hans Joachim Gelberg: Überall und neben dir. Gedichte für Kinder, Beltz Verlag, Weinheim und Basel 1986
S. 88 Eric Carle: Die kleine Spinne spinnt und schweigt, Gerstenberg Verlag, Hildesheim 1995
S. 90 Der Schmetterling; Originalbeitrag
S. 91 Malen und basteln; Originalbeitrag
S. 92 Georg Bydlinski: Der Stein; aus: Georg Bydlinski: Wasserhahn und Wasserhenne, Dachs Verlag, 2002
S. 93 Mein Stein; Originalbeiträge
S. 97 Kathryn Cave, Chris Riddell: Irgendwie Anders, © Verlag Friedrich Oetinger GmbH, Hamburg 1994
S. 98 Annette Bley: Ein Freund, Ravensburger Buchverlag, Ravensburg
S. 100 Stephanie Stegfellner (Text und Melodie): Das Lied von den Gefühlen, © by Helbing, Rum/Innsbruck; aus: mlp-journal 5/2002: Stephanie Stegfellner: Lasst Farben sprechen
S. 101 Was ich dir sagen möchte; Originalbeitrag
S. 102 Edith Schreiber-Wicke/Carola Holland: Achtung! Bissiges Wort!, © by Thienemann Verlag (Thienemann Verlag GmbH), Stuttgart/Wien 2004
S. 104 Mario Ramos: Ich bin der Stärkste im ganzen Land, © Beltz & Gelberg in der Verlagsgruppe Beltz. Weinheim und Basel 2006
S. 112 Wir warten auf Weihnachten; Originalbeitrag
S. 113 KNISTER: Im Weihnachtsstall zu Bethlehem; aus: KNISTER: Knuspermaus im Weihnachtshaus, © by Edition Bücherbär im Arena Verlag GmbH, Würzburg 2002
S. 114 Was machen die Kinder im Winter; Originalbeiträge
S. 116 Wenn die Frühlingssonne lacht; aus: Marga Arndt/Waltraud Singer (Hrsg.): Das ist der Daumen Knuddeldick, Ravensburger Buchverlag, Ravensburg 2004
S. 117 Einen Vogel basteln; Originalbeitrag
S. 118 Sabine Lohf (Illustration), Gerlinde Wiencirz (Text): Die kleine Maus sucht den Osterhasen, © 2001 arsEdition GmbH, München
S. 119 Oster-Rätsel; aus: Marga Arndt/Waltraud Singer (Hrsg.): Das ist der Daumen Knuddeldick, Ravensburger Buchverlag, Ravensburg 2004
S. 120 Marleen Westera: Rosa; aus: Marleen Westera: Schaf und Ziege. Kleine Geschichten einer großen Freundschaft, © Patmas Verlag GmbH & Co. KG Sauerländer Verlag, Düsseldorf 2006
S. 123 Auf dem Schulhof; Originalbeitrag
S. 125 Joachim Ringelnatz: Die Feder; aus: Heinz Janisch/Christine Sormann (Hrsg.): Morgennatz und Ringelstern: Gedichte von Christian Morgenstern und Joachim Ringelnatz; Annette Betz Verlag, Wien 2005

Originalbeiträge

Claudia Crämer: Zauber-Koffer (S. 40), Wort-Zauberei (S. 41), Rosina und der Riese (S. 44)

Annette Graf: Mobi in der Schule (S. 4), Ich bin in der Welt (S. 50)

Dr. Stephanie Jentgens: Der Schmetterling (S. 90), Wir warten auf Weihnachten (S. 112), Auf dem Schulhof (S. 123)

Konstanze Krieg: Das Auto (S. 66), Der Zeppelin (S. 69)

Myriam Prahl: Unsere Namen (S. 16), Oma zu Besuch (S. 20), Lesezeit (S. 74), Frau Berner macht Bücher (S. 77), Max und der Computer (S. 78), Willi will's wissen (S. 80)

Kathrin Walcher-Frank: Leo im Zoo (S. 32), Schmetterlinge aus Filterpapier (S. 91), Einen Vogel basteln (S. 117)

Abbildungen

S. 14/15:	Manjula Padmanabhan, Ich bin einmalig! Kannst Du mich finden? © 2007 Tulika Publishers, Chennai, India. Deutsche Ausgabe: © Fischer Taschenbuch Verlag in der S. Fischer Verlag GmbH, Frankfurt am Main 2007
S. 18/19:	Manfred Schlüter, Ich bin ich und wer bist du?, Thienemann Verlag GmbH
S. 21/22:	Klaus G. Kohn, Braunschweig
S. 23:	Tobias Walcher, Aalen
S. 24/25:	KNISTER: Wo ist mein Schuh? fragt die Kuh. Illustrationen von: Silvio Neuendorf. © 2001 Arena Verlag GmbH, Würzburg
S. 26/27:	François Delebecque, Tiere auf dem Bauernhof © 2008 Beltz & Gelberg in der Verlagsgruppe Beltz, Weinheim & Basel
S. 30:	Bildagentur Huber (o.), Meine erste Tier-Bibliothek. Das Schwein. Esslinger Verlag (u.)
S. 34:	Klaus G. Kohn, Braunschweig
S. 36/37:	Philip Waechter, Rosi in der Geisterbahn © 2005 Beltz & Gelberg in der Verlagsgruppe Beltz, Weinheim & Basel
S. 39:	Tobias Walcher, Aalen
S. 42/43:	Atak, Verrückte Welt. Copyright © 2009 Verlagshaus & Jacoby Stuart, Berlin
S. 47:	Tobias Walcher, Aalen
S. 48:	picture-alliance/ dpa
S. 49:	Yann Arthus-Bertrand, Die Erde von oben - für Kinder erzählt. Knesebeck Verlag
S. 54/55:	J. Jolivet, Fast Alles © der deutschen Ausgabe Carlsen Verlag GmbH, Hamburg 2006
S. 56/57:	Martina Badstuber, Ich kenn ein Land, das du nicht kennst, Tulipan Verlag
S. 59:	Tobias Walcher, Aalen
S. 60/61:	Karla Schneider, Katharina Grossmann-Hensel, Das Vehikel © Patmos Verlag GmbH & Co. KG/ Sauerländer Verlag, Düsseldorf
S. 62/63:	Martin Bertelsen, Hartmut Kozok, Jasper, Lappan
S. 68:	Das Große Buch der tollen Papier-Flieger, h.f. ullmann
S. 69:	picture-alliance / dpa (o.), panthermedia.net/ Sieghart Mair (u.)
S. 72/73:	Lauren Child, Das ist aber total mein Buch, Fischer Taschenbuch
S. 76/77:	Rotraut Susanne Berner: Petra. Copyright © 2009 Gerstenberg Verlag, Hildesheim, Maria Dorner Fotografie, München (Porträt)
S. 80:	Willi will's wissen: Folge 129; eine Produktion von megaherz für den Bayerischen Rundfunk, Lizenz durch TELEPOL - alle Rechte vorbehalten
S. 81:	TELEPOL
S. 84/85:	René Mettler, Die Natur ganz nah und weit weg © der Deutschen Ausgabe: Carlsen Verlag GmbH, Hamburg, 2006
S. 88/89:	Eric Carle: Die kleine Spinne spinnt und schweigt. Für die dt. Ausgabe © Gerstenberg Verlag, Hildesheim
S. 90:	Andreas Fischer-Nagel (o.), Tierbildarchiv Angermayer, Holzkirchen (m., u.)
S. 92:	Tobias Walcher, Aalen
S. 96/97:	Kathryn Cave, Chris Riddell, Irgendwie Anders, Verlag Friedrich Oetinger GmbH
S. 98/99:	Anette Bley, Ein Freund © 2008 by Ravensburger Buchverlag Otto Maier GmbH, Ravensburg
S. 102/103:	Edith Schreiber-Wicke / Carola Holland, Achtung! Bissiges Wort! © 2004 by Thienemann Verlag (Thienemann Verlag GmbH), Stuttgart - Wien
S. 104/105:	Mario Ramos, Ich bin der Stärkste im ganzen Land! Moritz Verlag GmbH
S. 108/109:	Tobias Walcher, Aalen
S. 110/111:	Rotraut Susanne Berner, Herbst-Wimmelbuch Copyright © 2005 Gerstenberg Verlag, Hildesheim
S. 119:	Gerlinde Wiencirz, Die kleine Maus sucht den Osterhasen (Illustrationen von Sabine Lohf) © 2001 arsEdition GmbH, München
S. 129:	Marlies Rieper-Bastian, Freiburg
S. 133:	Rita Mühlbauer / Hanno Rink, Himmelszelt und Schneckenhaus © Patmos Verlag GmbH & Co. KG/ Sauerländer Verlag, Düsseldorf

Druck A^2 / Jahr 2011
Alle Drucke der Serie A sind im Unterricht parallel verwendbar.

Redaktion: Ruth Mühlenhoff
Herstellung: Heike Freese
Umschlaggestaltung: Nijole Küstner mit einer Illustration von Silke Reimers
Typografie und Layout: Nijole Küstner
Satz und technische Umsetzung: PER Medien+Marketing GmbH, Braunschweig
Druck und Bindung: westermann druck GmbH, Braunschweig

ISBN 978-3-14-**124340**-6

Mobile-Materialien Klasse 1

Vorkurs zum Lesen und Schreiben/Übungen zum **Anlaut-Mobile**	978-3-14-**124339**-0
Lesebuch 1	978-3-14-**124340**-6
Das kann ich!, Kompetenzheft zum Lesebuch 1 (10er-Set)	978-3-14-**124471**-7
Buchstabenhefte – Übungen	978-3-14-**124440**-3
Buchstabenhefte – Übungen mit **CD-ROM**	978-3-14-**124441**-0
Themenheft 1 zur Buchstabeneinführung (blaue Variante)	978-3-14-**124490**-8
Themenheft 1 zur Buchstabeneinführung (grüne Variante) für den jahrgangsübergreifenden Unterricht	978-3-14-**124491**-5
Schreiblehrgang LA	978-3-14-**124442**-7
Schreiblehrgang VA	978-3-14-**124443**-4
Schreiblehrgang SAS	978-3-14-**124444**-1
Erste Schritte zum **Texte schreiben**/Erste Schritte zum **Richtigschreiben**	978-3-14-**124445**-8
Lernsoftware 1	978-3-14-**374340**-9
Lernsoftware 1 – Nachkaufset (5er)	978-3-14-**124511**-0
Bildkarten	978-3-14-**124446**-5
Anlauttabelle für die individuelle Arbeit (10er-Set)	978-3-14-**124447**-2
Handpuppe Mobi	978-3-14-**124451**-9
Lehrermaterialien und Kopiervorlagen 1 mit **CD-ROM**	978-3-14-**194340**-5
Beobachten, fördern und fordern im Deutschunterricht, Kartei 1	978-3-14-**120495**-7
Lern-Mobile Deutsch 1, Förder- und Forderhefte:	
– Sprechen und Zuhören	978-3-14-**120701**-9
– Zur Schrift hinführen	978-3-14-**120702**-6
– Schreiben	978-3-14-**120703**-3
– Lesen	978-3-14-**120704**-0
– Mit der Anlauttabelle arbeiten	978-3-14-**120705**-7
– Spielen	978-3-14-**120706**-4
– Lernstände feststellen	978-3-14-**120707**-1

Mein Lern-Schatz